認定NPO法人ACE 共同創業者／事務局長
白木朋子──著

子どもたちにしあわせを運ぶチョコレート。

世界から児童労働をなくす方法

合同出版

この本を読むみなさんへ

チョコレートを一粒ほおばると、甘く香ばしい風味が口いっぱいに広がり、たちまちしあわせな気分になります。疲れた時にひとときの癒しを与えてくれ、一緒に食べる人としあわせな気分を分かち合える、そんなチョコレートが大好きという人は、世界中にたくさんいることでしょう。わたしもその魅力に魅せられた1人です。

そんな甘いチョコレートの裏側に、ほろ苦い現実があることを知ったのは、いまから10年ほど前のことです。チョコレートに欠かせないカカオ豆をつくっているアフリカでは、多くの子どもたちが働かされているというのです。人びとをしあわせにするはずのチョコレートが、だれかの犠牲によって成り立っているなんて、あってはならない。チョコレートに関わる人みんながしあわせであるために、日本のわたしたちができることはなんだろう。そう考えるようになりました。この本には、そんなチョコレートに隠された現実や、わたしが出会ってきた子どもたちのこと、仲間と一緒に取り組んできたことをまとめました。

わたしが仲間とともに国際協力NGO、ACE（エース）を立ち上げ、児童労働の問題に取り組み始めたのは1997年のことです。学生5人で団体をつくり、日本で現状を伝える活動を期間限定でおこなうことになりました。この活動が「児童労働に反対するグローバルマーチ」です。

世界8万キロ、103カ国を人びとが行進（マーチ）し、児童労働反対を訴えました。このマーチを実現させたのが、2014年にノーベル平和賞を受賞したインドの児童労働活動家、カイラシュ・サティヤルティさんです。彼の呼びかけによって一歩を踏み出したわたしたちはインドのマーチにも参加し、カイラシュさんにも何度か日本に来ていただきました。子どもたちへの深い愛情と強い信念を持った彼の言葉にはいつも勇気づけられ、今回の授賞にも大きな勇気をもらいました。

カイラシュさんはノーベル平和賞の授賞式のスピーチでこう言いました。

「わたしはすべての政府、国際機関、企業、宗教指導者、市民社会、そしてわたしたち1人ひとりに呼びかけます。子どもへのあらゆる暴力、子どもの奴隷、人身売買、児童婚、児童労働、性的虐待、そして非識字を終わらせ、この文明社会からなくしていくことを。みなさん、それは可能なのです」

1998年インド、デリーでのグローバルマーチにて。
中央がカイラシュ氏、その後方に筆者。
ACEを一緒に立ち上げた現ACE代表の岩附由香、
副代表の小林裕もともに参加。

チョコレートには人びとの心をつなぎ、世界を動かす力があると信じています。この本を通じて、チョコレートでつながる人びとどうしの顔が見えるようになり、1人ひとりが一歩を踏み出すきっかけになれば幸いです。

認定NPO法人ACE 共同創業者／事務局長
白木朋子

ものすごく大変な仕事をする小さな手

それは家族経営のカカオ農園の手伝いから始まった
家族の面倒をみなければならない母のために
ぼくはカカオ農園で仕事をするようになった
カカオ農園でものすごく大変な仕事をする小さな手
どうして子どもが苦しまなければいけないの？
どうして子どもはカカオ農園で働き手として働かなければならないの？
なぜ毎日こんなことをしなくちゃいけないの？

夜明けから日暮れまで、この小さな手で
こんな毎日にうんざりだ　カカオ農園の児童労働をやめさせろ

あの人たちは、ぼくたちの気持ちがわからないようだ
子どもは子どもとして見られていないみたいだ
子どもたちは、言葉で表現する以上に、心で苦しんでいる
こんなことをさせるあの人たちは　裁判にかけられるべきだ
こんな毎日にうんざりしている　毎日味わう痛み、疲れ、苦しみ
でもだれが、ぼくたちの言うことを聞いてくれる?
だれが心配してくれる?
ぼくたちの声は、届いてないのだろうか?　児童労働をやめさせろ

切り傷、アザ、足の疲れが治ることなどない
毎日やっているのだから
あの人たちは、ぼくたちの気持ちがわかると口では言うが、
本当はわかっていない
だれもぼくたちの言うことに耳を貸してくれない
こんな毎日にうんざりだ　児童労働をやめさせろ

涙を流し痛みに苦しむのはぼくたち、でも金を手にするのはあの人たち
ぼくたちには、やさしさも、ベッドも与えられない
助けが必要だ、ものすごく大変な仕事をする小さな手

お願いだからだれか助けて
ぼくたちの尊厳を取り戻すのを助けて
ぼくたちの権利を守るのを助けて　学校に行って教育を受ける権利
どうか勇気を出して発言してほしい
どうか勇気を出して助けを求めている人たちを助けてほしい
声がかき消されてしまっている人たちを
泣いて苦しくて息ができなくなっている
こんな毎日にうんざりしている　児童労働をやめさせろ
ぼくたちは、ものすごく大変な仕事をしている、小さな手だ

ゴッドフレッド

もくじ

＊凡例：本書では、子どもの安全や人権保護の観点から、人名を仮名にしているところがあります。

装幀―守谷義明＋六月舎
図版作成―T・Rデザインルーム

この本に出てくる国と地域

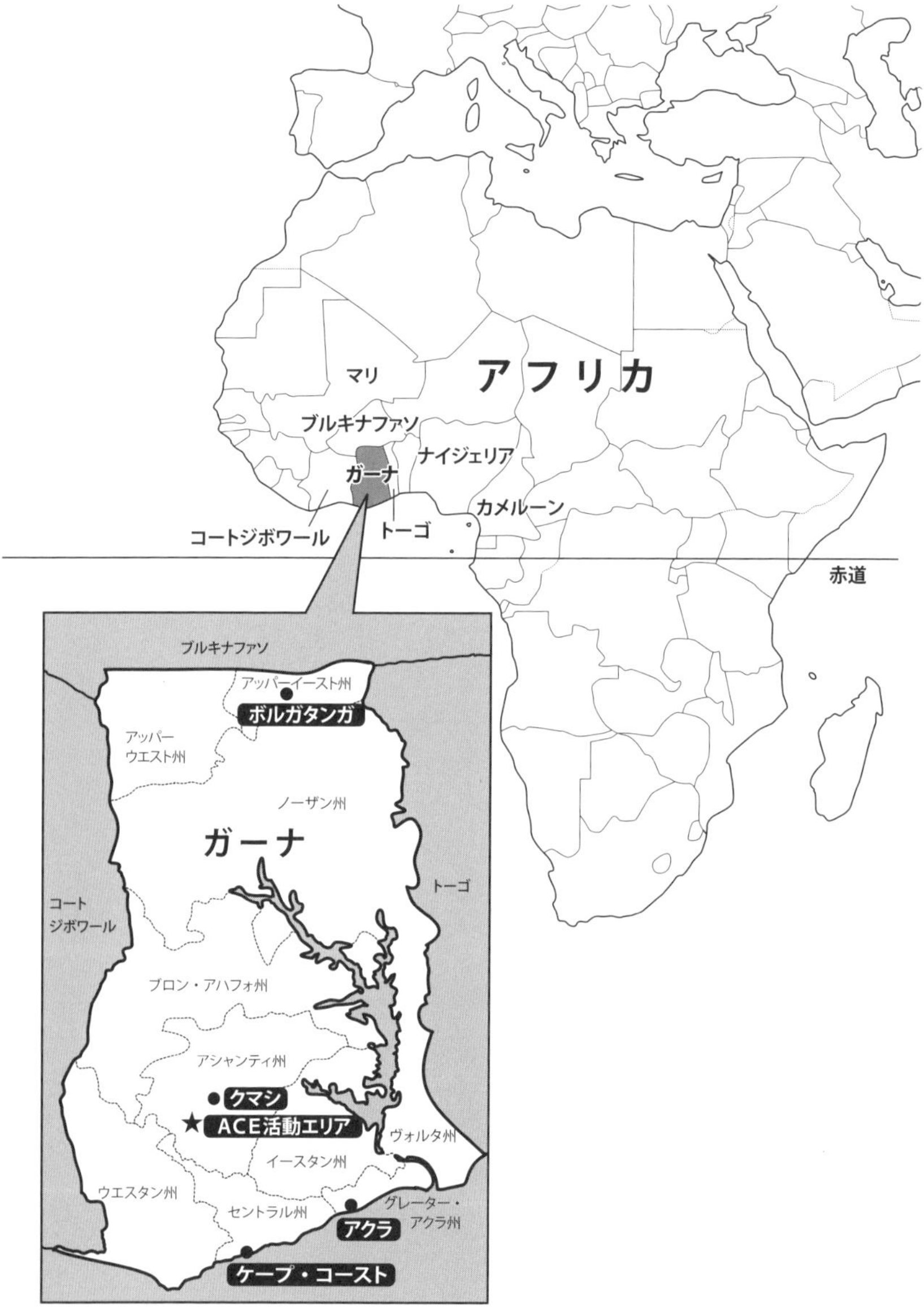

第1章
カカオの国で働く子どもたち

9歳から働き続けた、ゴッドフレッドくん

ゴッドフレッドくん*が小学校に入学したのは7歳の時。カカオ生産が盛んな村のカカオ農家で、両親と弟、妹の5人で暮らしていました。

9歳の時、急な病気でお父さんが亡くなりました。生活が変わったのはそれからです。お母さんが1人で家族を支えなければならなくなったため、長男のゴッドフレッドくんも、カカオ農園で働くようになりました。

「お母さんを1人で働かせるのは申し訳ないと思い、ぼくも働いて家族を支えたいと思っていました。学校には名前を登録していましたが、毎日は通っていませんでした。弟たちも学校には行っていませんでした」

しばらくたって、ゴッドフレッドくんは、おじいさんとおばあさんの家に養子に出されました。家族の生活が苦しかったためです。「学校に通えるようになると思ったのですが、実際はもっと厳しい状況になりました。祖父母の農園で働きながら、ほかの人の農園にも働きに出るようになりました」

ゴッドフレッドくんは、朝だれよりも早く起きて、5時頃から農園へ行きました。農園での作業は、カカオの木から実を切り落としたり、切り落とし

*ゴッドフレッドくん：2014年4月現在、ゴッドフレッドくんは18歳。高校に在籍中。

たカカオの実を一つひとつ集めて一箇所にまとめたり、農園で発酵させたカカオ豆*を家まで運んだりと、たくさんありました。

朝ごはんを食べずに働いていたため、お腹が空いて痛くなると、その場しのぎで生のカカオの果実を食べて空腹をまぎらわしたそうです。

発酵させたカカオ豆は、竹で編んだ大きなかごに山積みにされ、それを頭に乗せて運びます。水分を含んだカカオ豆はとても重くて1人では持ち上げられないので、おとなが2人がかりで頭に乗せていました。その重さのせいで、カカオ畑で働く人たちは、頭から首、背中、腰、脚まで、いつも全身が痛いのです。

「まるで強制労働のようでした。病気になっても、農園に行かなければ、ごはんを食べさせてもらえませんでした。罰として暴力を受けたり、外で寝させられたりすることもありました。疲れたとか、休みたいとか思っても、それを口に出すことさえできませんでした。ほかの子どもたちが学校に行っている間に自分は働かなければならないことを、とても悲しく思っていました」

その時の気持ちを書いたのが、はじめに紹介したゴッドフレッドくんの詩です。

2008年、わたしたちACEはゴッドフレッドくんの村で、「児童労働

＊**カカオ豆**：チョコレートやココアの主原料。カカオ（学名：テオブロマ・カカオ）の樹になる果実の種子を発酵、乾燥させたもの。

をなくすための「プロジェクト」を始めるために調査*をおこなったことがあります。この調査の結果を住民集会で報告しました。子どもたちがカカオ農園で危険なしごとをしていること、子どもが学校に行かない原因があることがわかりました。地域には学校が少なく、ノートやペンなどの学用品も持っていないのです。

子どもたちが学用品を持っていないということは、親が子どもの教育を大事だと思っていないということです。集会では、子どもを学校に通わせましょうと呼びかけられました。この集会に参加したゴッドフレッドくんのおじいさんは、教育の大事さを感じ、ゴッドフレッドくんを学校に通わせてくれるようになりました。

２０１０年11月、15歳になっていたゴッドフレッドくんは、ＡＣＥのＮＰＯ法人化５周年を祝う行事のために来日し、働いていた頃の経験と自分の夢について、たくさんの人の前で話しました。ゴッドフレッドくんの夢は、村で最初のお医者さんになることです。

「幼い頃から、妊婦さんが赤ちゃんを産む前に亡くなったり、村でたくさんの人が病院にたどり着く前に亡くなったりしている姿を見て、悲しい思いをしてきました。だから自分が医者になって村の人たちを助けたいと思って

＊**調査**：現地を訪問して村の学校の様子をたしかめたり、子どもたちの家庭を訪ねてインタビューをしたり、カカオ農園での作業を体験したりした。

ゴッドフレッドくん

います」

ゴッドフレッドくんは毎日毎日勉強し、学年で１番の成績をおさめるまでになりました。そして見事入学試験に合格し、いまは村を出て、１時間ほど離れた町にある高校に通っています。

ガーナで黄熱病の研究をしてノーベル賞の候補者にもなった野口英世*も、貧しい家の出身でした。高い志を持ち続けて、ゴッドフレッドくんが夢をかなえることは、わたしたちの夢でもあります。

人身売買の被害者、ブカリくんとアズマくん

ブカリくんは、ガーナ最北のアッパー・イースト州*で生まれました。幼い頃に両親が離婚してお父さんと暮らしてきたので、お母さんの顔は覚えていません。お父さんは新しいお母さんと結婚し、弟と妹が３人できました。

ある日、ブカリくんの家に男の人が来て、お母さんと話をしていました。男の人は、「生活が大変そうなので、ブカリ君をアシャンティ州の学校に連れて行ってあげる」と言ってくれました。両親がブカリくんを手放したのは口減らしのためでした。もともと新しいお母さんはブカリくんを自分の子ど

***野口英世**：医学博士。1876年、福島県翁島村（現在の猪苗代町）の農家に生まれた。1歳半の時にいろりに落ちて左手に大火傷を負い、農業ができないため学問で身を立てるために勉学に励んだ。援助を受けながら20歳で医師免許を取得。その後中国、欧米、南米などで伝染病を研究。出張先のガーナの首都アクラで、研究していた黄熱病にかかり51歳の生涯を閉じた。

***アッパー・イースト州**：ガーナでも北部は乾燥地帯で自給自足の貧しい生活をしている人が多い。一方、アシャンティ州を含む南部一帯は、湿潤な気候でカカオ生産が盛んな地域。現金収入が得られる仕事があるため、北部から南部に出稼ぎに来る人が多い。12ページ参照。

もと区別して扱っていて、ブカリくんもそれをあまりよくは思っていませんでした。

ブカリくんは、アシャンティ州でカカオ農業を営むその男の人の家に行くことになりました。持っているわずかな服をかばんに詰め、お父さんの携帯番号が書いてある紙きれをシャツのポケットに入れて、家を出ました。何時間もバスに乗ってやっと小さな集落に着きました。雇い主の家では、同じアッパー・イースト州から来たアズマくんが先に働いていました。

当時、ブカリくんは14歳、アズマくんは11歳。カカオの収穫時期には、木に登ってカカオの実を落としたり、カカオ豆を運んだりもさせられ、それ以外にも牛などの家畜の世話もしていました。２人とも年齢のわりには体が小さく、牛がずっと大きく見えました。牛はちょっと目を離したすきにいろんなところに行ってしまい、他人の畑を荒らしてしまうこともありました。そのせいで、２人はひどく怒られました。

熱い太陽が照りつけるなかで、毎日朝から晩まで一日中働き続けました。食事は朝ごはんを食べるだけで、夕方家に帰るまで食べることができませんでした。だからいつもお腹を空かせていました。夕方疲れて家に帰っても休ませてはもらえません。畑からイモをとってきて、家族全員分の夜ごはんの

牛を連れて歩くブカリくんとアズマくん

支度もしなければなりませんでした。

学校に行かせてくれるという約束だったのに、一度も行かせてもらえませんでした。雇い主に学校に行かせてほしいと言ったこともありましたが、聞いてもらえませんでした。

ブカリくんがシャツのポケットに入れてきたはずの、お父さんの携帯番号を書いた紙はいつの間にかなくなっており、お父さんに連絡することもできませんでした。

ふるさとから遠く離れて、自分がどこにいるのか、どうやったら自分の家に帰ることができるのか、まったく想像がつきませんでした。ただ言われるがままに働いて、ごはんを食べさせてもらうしか、生きていく方法がなかったのです。まったく自由をうばわれて、奴隷と同じ状態でした。

子どもを連れてきて労働力として酷使することは人身取引＊・人身売買にあたり、ガーナの法律でも国際条約＊でも、かたく禁止されています。

ガーナでは子どもが親戚の家に預けられることは日常茶飯事です。家が貧しいから、都会の学校に通わせたいからなどの理由で子どもが親戚に預けられますが、実は、子どもを学校に行かせずに働かせる児童労働や、人身取引であることも多いのです。

＊**人身取引**：人身売買、トラフィッキングともいわれる。強制労働や性的搾取、臓器移植など、搾取することを目的に、人を連れ出す、移送して引渡すなどの取引をすること。その手段として、暴力や脅迫、誘拐、弱みにつけ込むこと、金銭の受け渡しなどが含まれる。これらの手段や権力を利用して、弱い立場にある人を身体的にも精神的にも支配下に置く行為といえ、国際条約でも禁止されている。詳しくは、小島優＋原由利子著『世界から人身売買がなくならないのはなぜ？――子どもからおとなまで売り買いされているという真実』（合同出版、２０１０年）参照。

＊**国際条約**　国際社会における共通のルール。国連などの国際機関が定めたもの。

なかなか協力してくれない警察や社会福祉局の人を説得し、２人を見つけてから7カ月後、やっと彼らを救出することができました。

ガーナでカカオを生産する村は５０００あまりありますが、ガーナ政府の公式見解では、カカオ生産地域では「子どもの人身取引はない」といわれてきました。政府も十分に把握していないのです。ブカリくんと一緒に働いていたアズマくんは、救出される前わたしたちに「今すぐここから抜け出したい」と訴えました。これは、いまこの瞬間にも被害にあっている子どもたちの声でもあります。これ以上被害を増やさないために、人身取引から子どもたちを守る体制を急いでつくる必要があります。

中学3年生の母、ジャネットちゃん

ジャネットちゃんが生まれたのは、ガーナ南部のセントラル州ケープ・コースト。お母さんが生まれ育った村で、おばさん一家と暮らしていました。家族は、お父さん、お母さんのほか、姉、妹、弟の４人兄弟でした。ガーナは母系社会のため、母方の親戚と暮らすことがよくあります。

村の学校ではたくさんの友だちに囲まれて、毎日楽しく過ごしていました。

ガーナ北部で暮らす家族のもとに戻ったブカリくん（右端）

ジャネットちゃんは頭がよかったので、10歳の時には飛び級し、中学2年生のクラスで勉強していたそうです。

そんななか、突然おばさんに連れられて引っ越すことになりました。ジャネットちゃんは村を離れるのも友だちと離れるのもいやでしたが、そんなことが聞き入れられるわけもなく、連れて行かれました。

村を離れる理由は、働いてお金を稼ぐためでした。どうして自分だけが連れて行かれたのかわかりませんが、アシャンティ州の州都クマシで暮らし、おばさんと一緒に人通りの多い路上で、袋に入った飲料水を売っていました。がんばって働いてお金を貯めれば村に帰れると思っていましたが、あっという間に、3年が過ぎ、13歳になっていました。

ジャネットちゃんは、このままではいつまでたっても村に帰ることはできないと思い、おばさんからお金を盗んで逃げだすことを決めました。おばさんが目を離したすきにお金を盗むところまではうまくいったのですが、あわてて逃げようとした時に転んでしまい、前歯を折ってしまいました。道路に頭を強く打ち、病院に運ばれました。

病院にはお父さんが迎えに来て、今度はお父さんが以前働いていたカカオ農園のオーナーの家で働くことになりました。この農園には1年もいませんでした。またお父さんが迎えに来て、お父さんの暮らす村に引っ越してきました。村ではすべての子どもを学校に通わせようという活動がおこなわれていましたが、村には中学校がなかったので、ジャネットちゃんは、となり村の中学校に通うことになりました。

中学校に入ると、ジャネットちゃんは男の子たちとよく遊ぶようになりました。お父さんはそれが気に食わなかったようで、「もうおまえの教育の面倒はみない」と言って、学校で必要なものや服などを買ってくれなくなりました。ジャネットちゃんはそんなお父さんの態度に不満を持ちました。

学校の友だちに、いろんなものを持っている子がいたので、「だれに買ってもらえるの?」と聞いたところ、カカオ農家の男の人を紹介されました。ジャネットちゃんもその男の人の家に入りびたるようになり、とうとう妊娠してしまいました。お父さんは怒って、ジャネットちゃんを家から追い出しました。

ジャネットちゃんはその男の人の家で暮らすしかありませんでした。その男は、何人もの女の子たちを妊娠させていて、そのうちの1人がジャネットちゃんに呪い*をかけると言ってきたこともあります。

15歳の時、ジャネットちゃんは女の子を出産しましたが、大きな痛みをと

***呪い**:ガーナ南部では、宗教的な信仰や精霊信仰が根強い。精霊に仕える呪術師(宗教的職能者)のもとを人びとが訪れ、悩みや問題を聞き、しかるべき儀礼をおこなうことで、精霊の力を発揮させ、超常的な力で、悩みを解決したり、望みをかなえたりする(『ガーナを知るための47章』高根務/山田肖子編著、明石書店、2011年、178ページ)。

もなう経験でした。

子どもを産んでからは、同じ村で生活していたおばあさんの家で暮らし始めました。お父さんはもう1人の奥さん*と暮らしていて、何も援助はしてくれませんでした。

お母さんが手助けをしてくれ、子どもが生後6カ月になり歩き始めると、ジャネットちゃんは学校に戻るようになりました。ただ、毎週火曜日は市場に行くため、学校を休まなければなりません。学校と生活を両立させることは簡単なことではありませんでした。「毎日とても疲れていたし、落ち着きませんでした。『どうしてそんな娘の面倒を見るのか、そんなことをしてもどうせ同じことをくり返すだけなのに』とお母さんをバカにする人たちがいました。とにかくそれがいやでした」

それでもがんばって学校に通い続け、18歳で中学校を卒業しました。

お父さんとは、いまでもまだ仲直りできていません。「お父さんをがっかりさせてしまったことはとても気になっています。だから、畑に行ってカカオを運んだり、ときどきお父さんの仕事を手伝ったりしています。でもお父さんは口をきいてくれません」

そう言って、ジャネットちゃんは涙を流しました。

***もう1人の奥さん**：ガーナではキリスト教徒が人口の約50％、約15％はイスラム教徒といわれている。イスラム教徒では、1人の男性が複数の妻を持つ一夫多妻制を認めており、ガーナの法律でも、一夫多妻は認められている。

ガーナの農村地域では、女の子が10代で妊娠するケースがたくさん見受けられます。そこには貧困も大きく関係しているようです。思春期になると、どこの国でも女の子はおしゃれにめざめ、新しい服やいろんなものが欲しくなります。しかし、経済的に余裕がない家庭では、そんな希望を満たしてあげることができません。ジャネットちゃんの場合も、お父さんが学校で必要なものなどを買ってくれなかったことが、問題の始まりでした。

男性が性的欲求を満たすため、お金やモノをえさに女の子たちを利用しているという側面もあります。これは深刻な問題です。ガーナでは、性について大っぴらに話すことはタブー視されていて、性教育もほとんどおこなわれていないため、問題がそのまま置き去りにされてしまっています。

「同じような経験をしてほしくないから、自分より年下の子たちにも、こんな経験をする価値はないよと話しています。子どもを育てながら学校を卒業できるということを示して、みんなの手本にもならなければと思っています」とジャネットちゃんは話します。

じつは、子どもを連れて村を出て、1人で生きていこうと思っていた時、ちょうど村でACEの「スマイル・ガーナプロジェクト」（5章参照）が始まりました。プロジェクトはジャネットちゃんのように、妊娠・出産が理由

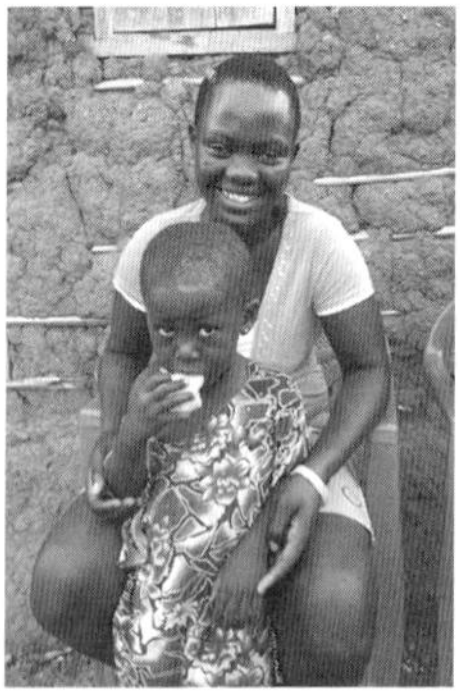

ジャネットちゃんと娘

で中退した女の子たちにも学業を再開するよう呼びかけました。そのおかげでジャネットちゃんは村にとどまり、中学校を卒業することができました。「もし村を出ていたら、たぶん売春婦になっていたと思います。そういう人を何人も見てきたから」と彼女は言いました。ダンスの得意なジャネットちゃんは、女優になる夢を持っています。

おとなもかつて児童労働者だった、ジャンフアさん

児童労働はいまに始まったことではありません。35歳のジャンフアさんは、ガーナ西部のブロン・アハフォ州のある村で、11人兄弟の4番目として生まれました。お父さんとお母さんを入れて家族は13人。生活はけっして楽ではありませんでした。

2歳の時、口減らしのためにおばさんの家に預けられ、6歳くらいの時には、あらゆる家事を任されるようになりました。毎日水汲みや食事の準備、掃除、パームヤシの収穫や殻《から》むき、まき運びなどをしました。11歳になると、農園の下草刈り。決まった範囲を刈り取るよう言いつけられ、終わらなければ食事を食べさせてやらないと言われました。朝7時頃から午後3時頃まで

畑仕事をしました。休む日が一日もなく、とにかく疲れていました。学校には、一度も通わせてもらえませんでした。

11歳になった時、隣国のコートジボワールに連れて行かれました。トレッシュヴィルで公務員夫婦の家に住み込み、ベビーシッター兼家政婦*として働くように言われました。その家には、8歳と6歳の子どもと、2カ月の赤ちゃんがいました。朝は4時に起き、ごはんを用意して、子どもに水浴びをさせたあと学校に送るのが日課でした。

洗濯や家の掃除も1人でやっていました。夕食は夜8時で、家族が食べるのを待って片づけをしなければならないので、寝るのはいつも11時になっていました。時間に関係なく、言いつけられれば寝ていても起きなければなりませんでした。外出は、家の人と一緒に市場へ買い物に行く土曜日だけ。それ以外は家から出ることはありませんでした。

「一番つらかったことは、ごはんを十分に食べさせてもらえなかったことです。朝ごはんは食べさせてもらえず、昼に家族の食べ残しを食べました。量も十分でなく、いつもお腹を空かせていました」

手を滑らせて皿を割ってしまったり、赤ちゃんを落としてしまったり、何か失敗をした時には、奥さんにぶたれました。そのせいで、ジャンフアさん

***家政婦**：炊事、洗濯、掃除などいっさいの家事をするために雇われる人。家事使用人ともいわれる。自由な外出も許されず、外部との連絡も制限され、場合によっては一種の奴隷状態に置かれることもある。

はいまも片耳が聞こえません。「悲しくて夜通し泣いて眠れないこともありました。お母さんが近くにいてくれたら、お母さんに会いたいと思っていました。雇い主が怖くて、帰りたいとも言えませんでした」

公務員の家で5年間働いた後、今度はおじさんに連れて行かれ、別の家で料理人兼家政婦として働くことになりました。そこで4年ほど働いたある日、お母さんが迎えに来てくれて、ガーナに帰れることになったのです。ジャンフアさんのお母さんが、おじさん夫婦に「娘に会いたい」と強く要求したため、ようやく会わせたのです。

故郷に戻った時、ジャンフアさんはもう20歳になっていました。そして間もなく結婚しました。結婚後は、４人の子どもを産み、故郷を離れてアシャンティ州のカカオ生産が盛んな村へやってきました。この村では、地主のもとで小作農*として働きました。

それから数年が経ち、「スマイル・ガーナプロジェクト」のスタッフ、ナナさんが村にやってきて、プロジェクトが始まりました。

ジャンフアさんもプロジェクトのミーティングなどに参加し、そこではじめて、自分が経験してきたことが、児童労働であったことを知りました。「自分も経験してきたので、児童労働をなくし、子どもの権利を守ろうという活

*小作農：地主が所有する土地を借りて農業をおこなう農民。農地を使用する代わりに、農地で採れた農作物の一部を地代とし地主に納める。

動に共感しました。プロジェクトでは、カカオ農園の管理方法や、収入を管理してお金を貯める方法についても学びました。自分の人生をどうしていきたいかも考えるようになりました」

ジャンフアさんはいま、高校生の長男をはじめ4人の子どもを全員学校に通わせています。

「子どもの時わたしも学校に行きたいと思っていましたが、行かせてもらえなかったので、自分の子どもは絶対に学校に通わせたいと思っていました。教育を受ければ、生活をよくしていくことができます。だから教育は大切です。自分が受けてきた仕打ちは本当につらく苦しいものでした。しかし過去はもう振り返りません。前を見るだけです。子どもたちの面倒をしっかりと見て、守っていきたいです」

ジャンフアさんは、最近近所に引っ越してきた家族の子どもが学校に行っていなかったので、両親に話をして、子どもに制服やサンダルを買ってあげたそうです。自分がつらい経験をしたからこそ、なおさら人にやさしくできるのかもしれません。自分で育てたプランテン(イモの一種)の山をかごいっぱい頭に乗せて運ぶジャンフアさんの額には、すがすがしい汗が光っていました。

農家仲間とカカオ栽培に熱心に取り組むジャンフアさん(中央/左隣が筆者)

第2章
カカオがチョコレートになるまで

カカオという植物

下の写真を見てください。カカオの実はラグビーボールのような形をしていて、木の幹に実が直接ぶら下がっているちょっと不思議な植物です。殻が黄色く色づくと熟したしるしです。品種によって赤く色づくものもあります。

カカオは、中央アメリカが原産といわれています。赤道をはさんだ南北緯度20度以内でしか生息することができない植物*で、寒さと乾燥に敏感なため、気温が高く（最低気温16℃以上）、適度な湿度（年間降水量１０００ｍｍ以上）がないとよく育たないという性質があります。

世界全体のカカオの約7割は、西アフリカでつくられています。２０１１年から12年の世界のカカオ総輸出量は約４００万トンで、第1位の輸出国はコートジボワールで全体の36％、第2位が隣国ガーナで23％です。コートジボワールとガーナだけで、世界全体の約6割を占めているわけです。日本に入ってくるカカオ豆の約8割は、ガーナから輸入しています。

カカオの木

世界の主なカカオ豆輸出国（2010/10 〜 2011/9）

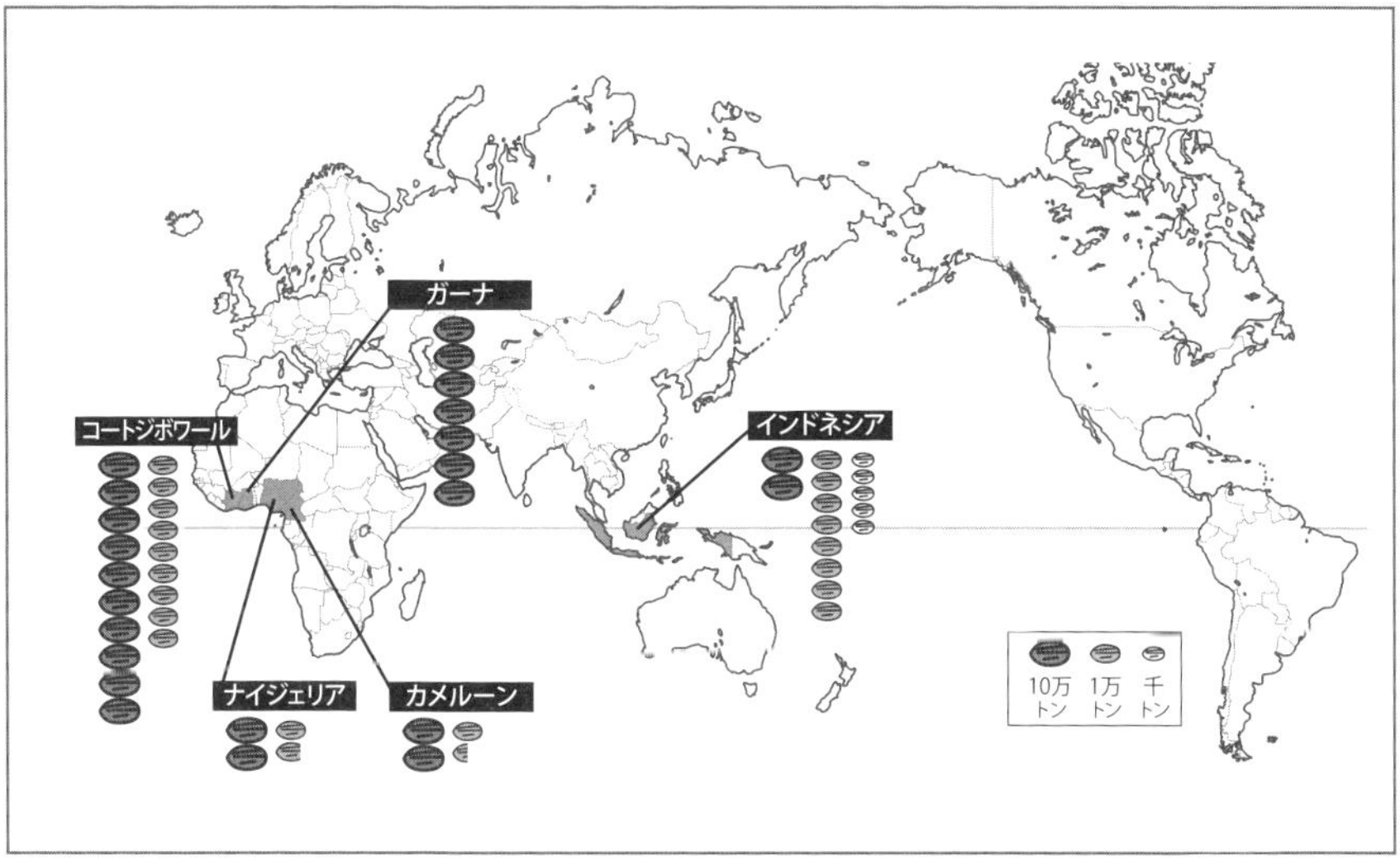

世界の主なカカオ豆輸入国（2010/10 〜 2011/9）

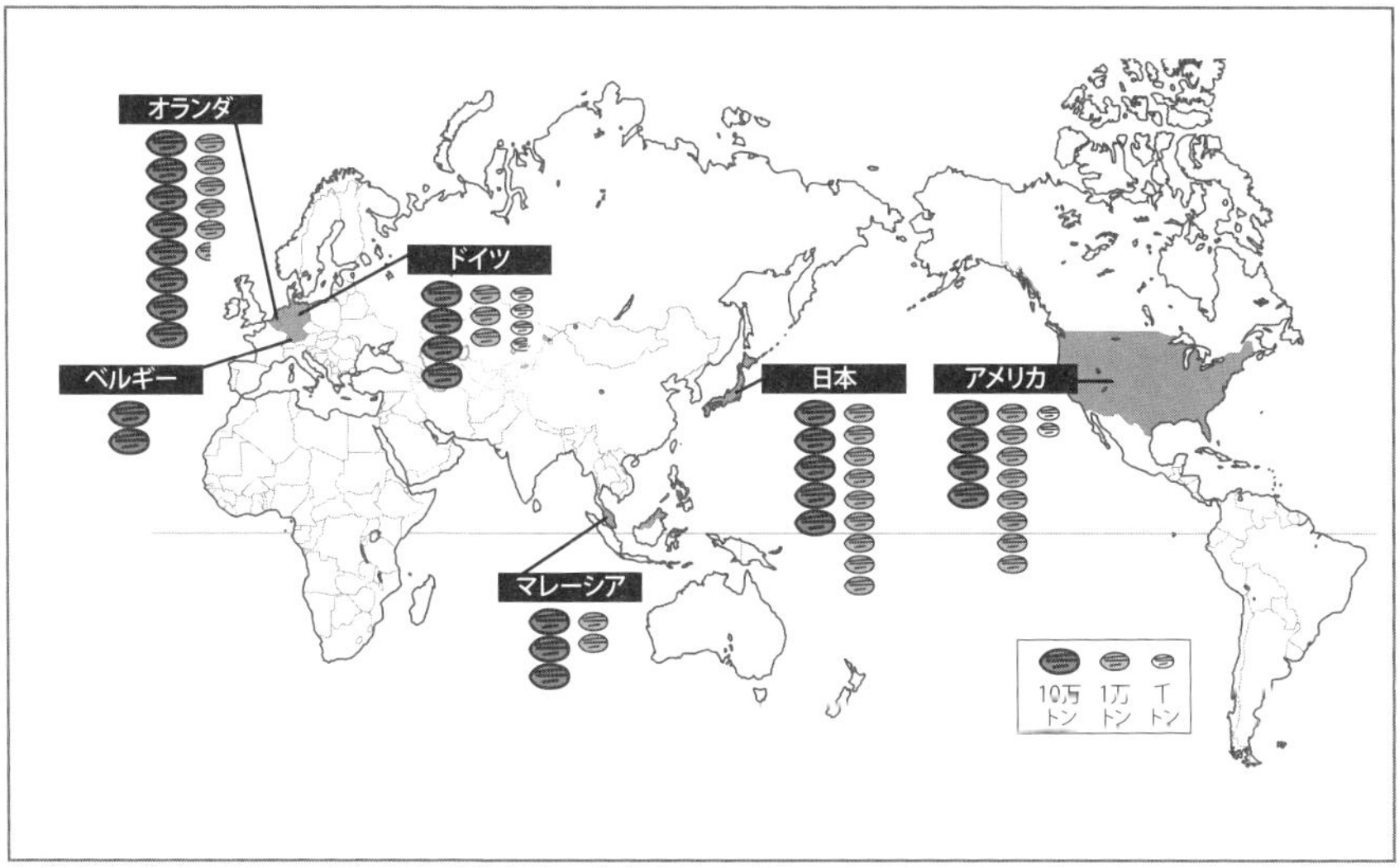

上下とも「チョコレート展公式ガイドブック（2012年）」をもとに作成

カカオ豆ができるまで

ガーナでのカカオ生産の様子を見てみましょう。カカオの木が生長して実を実らせるまでには、2～3年かかります。もともとは植えてから10年もかかっていましたが、たくさんの品種改良が重ねられた結果、ここまで短縮されたのです。

実ったカカオの実を木の幹から直接切り落とす時には、幹を傷つけないように注意深く作業する必要があります。切り落とした実をなたを使って割って中身を取り出す作業も手作業が基本となるため、機械化することはむずかしいといいます。

かたい殻でおおわれた実を割るとパルプと呼ばれる白い房状の果肉がびっしり詰まっています。パルプのなかには大きな種が入っています。この種がカカオ豆です。パルプごと取り出してバナナの葉の上に山積みにし、ある程度の山ができたら上からまたバナナの葉でふたをして発酵*させます。発酵の期間は6日程度。1日か2日おきにかき混ぜて、均等に発酵が進むようにします。発酵が進むとパルプが溶け出して、種が化学反応を起こし、カカオ独

カカオの実を割ったところ

*発酵：南米やアジアなどの設備が整った規模の大きな生産者のところでは、木箱に入れて発酵させる方法も使われている。

特の風味が生まれてきます。この発酵は、おいしいチョコレートをつくるうえでもとても大切なプロセスです。

十分に発酵させたら、竹製のマットのうえにカカオを敷き、太陽に当てて乾燥させていきます。十分に乾燥させることも、カカオの品質を保つためにとても重要で、ガーナでは最低６日程度と決められています。均等に乾燥が進むよう、マットに敷かれたカカオ豆を一日に何度もかき混ぜます。カラカラと音を立てるようになるくらい乾燥させると、乾燥作業完了です。

乾燥させた豆は麻袋に入れて、村の買取所へ持って行きます。村によっても異なりますが、買取所とはガーナ国内でカカオを買いつける業者が村に開設している倉庫のようなもので、各村に複数あります。農民は自分の意思でカカオを売る買取所（業者）を選び、自分が育てたカカオを売りに行きます。買取所では重さが測られ、重さに応じてお金が支払われます。これが農家の人たちにとっての現金収入になるわけです。

ガーナでは、ココアボードという政府機関が一括してカカオに関わるルールづくりや管理をおこなっていて、ココアボードが国内業者を通じて農家からカカオをすべて買い上げることになっています。農家から買い上げる際の最低価格は全国一律で決められていて、年に２回、改訂されます。そのため、

村のカカオ買取所へ売りに行く

村の買取所に集まった人びと

持ち込んだカカオ豆は買取所で重さが計られ、重さに応じて代金が支払われる

買取所に集まったカカオ豆を業者がトラックで集荷、港の倉庫へ運ばれる

カカオ豆の収穫から発酵、乾燥、出荷まで

カカオの実を割って、なかの果実を取り出す

実から取り出したカカオの果実を山積みにする

山積みにしたカカオの果実をバナナの葉で覆い、発酵させる（6日間程度）

発酵させたカカオ豆を畑から家へ運ぶ

発酵させたカカオ豆を天日干しにする（6日間程度）

乾燥させたカカオ豆を麻袋に詰める

基本的にはどの買取所でも、持ち込んだカカオの重さが同じであれば農家が受け取る現金は同じということになります。もしカカオが有機栽培である場合や、フェアトレードなどの認証制度*に参加しているような場合には、専門の業者によって買い取られ、最低価格に割増金が上乗せされます。

村の買取所で集められたカカオ豆は、業者ごとに港にある大きな倉庫に集められ、そこから海外へ輸出されたり、国内の加工工場に運ばれていきます。

カカオ豆が日本に届くまで

日本がもっとも多くカカオ豆を輸入しているガーナでは、政府の管轄下にあるココアマーケティングカンパニーという国営会社が、国内のカカオ買取業者からのカカオ豆の買い上げと海外への輸出を一括管理しています。各国の輸入業者は、政府に登録しなければ、カカオを買いつけ、輸入することができないしくみになっています。

カカオの価格は、ニューヨークとロンドンにある先物取引市場で決められ取引されています。輸出にあたっては、カカオの国際相場の動向を見ながら、カカオの価格が高い時に販売して利益を上げ、その利益を国内のカカオ産業

***有機栽培やフェアトレードなどの認証制度**：環境保全を目的に、化学薬品を使わずに有機肥料などを使ってカカオを栽培する方法が有機栽培。カカオ生産に携わる労働者の安全や衛生環境、児童労働の禁止など、とくに労働について基準が設けられているのがフェアトレード。詳しくは第6章を参照。

の育成などにあてています。港の倉庫に積まれたカカオ豆は、品質や異物の有無、残留農薬*などの厳しい検査を経た後、船で各国に輸出されます。カカオを生産する国ぐには長年、カカオ豆をそのまま海外に輸出することがほとんどでしたが、近年では国内でのカカオの加工やチョコレートの生産も進みつつあります。

　輸出されたカカオ豆は、カカオ原料*に加工されて、最後にはチョコレート製品になっていきます。日本の場合、カカオ豆から加工してチョコレート製品をつくることができる設備を持っているのは、一部の大手製菓メーカーや原料メーカーだけです。そのため、多くのチョコレートメーカーは、ヨーロッパやアジア、日本で加工されたカカオ原料を購入してチョコレートをつくっています。高級チョコレートをつくるショコラティエや、お菓子屋さんやケーキ屋さんなどは、クーベルチュールと呼ばれる、製菓用チョコレートを仕入れて使っています。

***残留農薬**：日本は欧米などと比べて厳しい基準がある。そのため、日本向けに輸出したカカオ豆が日本の港での検査に引っかかってしまい、輸入が認められず生産国に差し戻されることもある。

***カカオ原料**：カカオマスやカカオバター、ココアパウダーといったチョコレートの原料。

カカオ豆がチョコレートになるまで

●原料到着～焙煎

カカオ豆が工場に届いたら、麻袋に混入している砂や石などの異物を取り除き、豆を粗く砕いて、カカオ豆を被っている薄い皮を風で飛ばして取り除きます。豆に熱を加えると*水分が取り除かれ、外皮がはがれやすくなるため、豆の状態でローストして外皮を取り除く方法もあります。外皮を取り除き砕かれた状態のものがカカオニブと呼ばれるカカオ原料です。

●磨砕

ローストされたカカオニブは細かくすりつぶされ、どろどろの状態のカカオマスになります。カカオマスは、ピーナツバターほどの柔らかいペースト状のもので、これがチョコレートの基本的な原料になります。

●圧搾～混合

つぎにカカオマスに圧力をかけて圧搾し、脂肪分を抽出したカカオバター

＊豆に熱を加える：120～160℃の熱風でカカオ豆を炒る（ロースティング）。熱を加えることで水分を飛ばすだけでなく、カカオ豆についている細菌を熱処理して殺す効果もある。

＊カカオマスのブレンド：チョコレートづくりでは、1つの国のカカオからつくったカカオ原料を使うことはごくまれで、複数の種類がブレンドされてつくられている。砂糖やミルクだけでなく、異なる種類のカカオマスを混ぜ合わせることが味の違いを生み出すため、どのように原料を配合するかは、各チョコレートメーカー独自の特別なノウハウとなっている。

と、脂肪分を減らしたココアケーキに分けます。カカオバターはこの後チョコレートの材料として使われ、ココアケーキはさらに細かい粒子にくだかれて冷やされた後、ココアパウダー（ココア）となります。

ようやくチョコレートの原料がそろいましたが、チョコレートができるまではもう少し時間がかかります。チョコレートは、カカオマスやカカオバターなどの原料に、砂糖や牛乳などが混ぜ合わされてつくられるからです。チョコレートの特徴にあわせて、カカオマス*や砂糖、牛乳などの分量を調整します。

●精錬

材料を混ぜ合わせたチョコレート生地は粒子のばらつきがありざらざらとした食感が残るため、何度もローラーを通して粒子を小さく均等にしていきます。その後、チョコレートを仕上げていくうえでもっとも重要といわれる作業、精錬（コンチング）に入ります。練り続ける作業ですが、練ることで温度が上がるため、余分なカカオのにおい成分や水分が蒸発して原料がうまく混ざり合うようになります。そこにカカオバターなどを混ぜることでさらになめらかになり、風味もまとまってきます。精錬にかける時間やスピード、温度が、チョコレートのなめらかさや香り、風味の決め手となるのです。

チョコレートができるまで

原料到着	混入物を取り除く
焙煎	カカオ豆をローストして皮を飛ばす
磨砕	カカオ豆を細かく砕いてすりつぶす
圧搾	すりつぶしたカカオマスに圧力をかけてカカオバターとココアケーキに分ける
混合	カカオマス、カカオバターとミルク、砂糖などを混ぜ合わせる
精錬	チョコレート生地を時間をかけて練り上げなめらかにする
調温	温度を調節して安定した結晶にする
成形	液状のチョコレートを型に入れて冷やして固める
出荷	型から抜き出されたチョコレートを包装し出荷する

●調温

コンチングによってなめらかになったチョコレートは、温度を調節してカカオバターを安定した結晶にしていきます。これを調温（テンパリング）と呼びます。調温をおこなうことで、常温では固まった状態に保ち、口に入れた時に溶けるというチョコレート独特の性質が守られるのです。

●成形～出荷

調温を経た液体状のチョコレートは、型に入れられた後、冷やして固められます。固まったチョコレートが型から抜き出されると、ようやく完成です。異物が混入していないかなどの検査をしたうえできれいに包装され、そこからお店へと出荷され、ようやくわたしたちの手元に届くことになります。

こうして自然のなかで大切に育てられたカカオが、長いプロセスを経てチョコレートとなるわけですが、そのチョコレートが消費されているのがどこかというと、そのほとんどがヨーロッパやアメリカ、日本などの先進国です。世界でチョコレートの消費を独占しているのはカカオ生産地から遠く離れた国ぐにで、地産地消*とはほど遠い食べ物といえるでしょう。

国際ココア機関（ＩＣＣＯ）によると、２０１１年の世界のチョコレートの市場規模は、１０２０億米ドル、約10兆円ともいわれ、日本も世界で５本の指に入るチョコレート消費大国です。全日本菓子協会が発表している菓子統計によると、２０１３年の日本の年間チョコレート売上高は４５２０億円で、まんじゅうやようかんなどの生和菓子に次いで2番目、スナック菓子よりもたくさん売れています。世界のチョコレートメーカートップ10にも、日本の明治と江崎グリコの2社がランクインしています。

カカオ生産国では唯一ブラジルが、チョコレート消費国ランキングの上位に入っていますが、これからは、中国やインドなど急速に経済成長が進んでいる新興国でもチョコレートの消費が増えると見込まれていて、２０２０年にはトップ10の顔ぶれが変わってくるのではないかともいわれています。

＊**地産地消**：地域で生産されたものをその地域で消費すること。生産者と消費者の顔が見える関係がつくれる、食品の安全性を保つ、輸送にかかるエネルギーを節約できる、などの利点がある。

世界のチョコレートメーカーランキング（2013年）

会社名　Company	売上高（2013年）（100万米ドル）
マース（米国） Mars Inc (USA)	17,640
モンデリーズ（旧クラフト）（米国） Mondelēz International Inc (USA)	14,862
ネスレ（スイス） Nestlé SA (Switzerland)	11,760
明治（日本） Meiji Holdings Co Ltd (Japan)*	11,742
フェレロ（イタリア） Ferrero Group (Italy)	10,900
ハーシー（米国） Hershey Foods Corp (USA)	7,043
アルコア（アルゼンチン） Arcor (Argentina)	3,700
リンツ（スイス） Chocoladenfabriken Lindt & Sprüngli AG (Switzerland)	3,149
江崎グリコ（日本） Ezaki Glico Co Ltd (Japan)*	3,018
ユルドゥズ（トルコ） Yildiz Holding (Turkey)	2,500

出所：国際ココア機関（ICCO）ウェブサイト　http://www.icco.org/about-cocoa/chocolate-industry.html
元データ：Candy Industry, January 2014
http://www.candyindustry.com/articles/86039-global-top-100-candy-industrys-exclusive-list-of-the-top-100-confectionery-companies-in-the-world
＊菓子以外の売上も含む

世界のチョコレート消費国トップ10（国別、2011年）

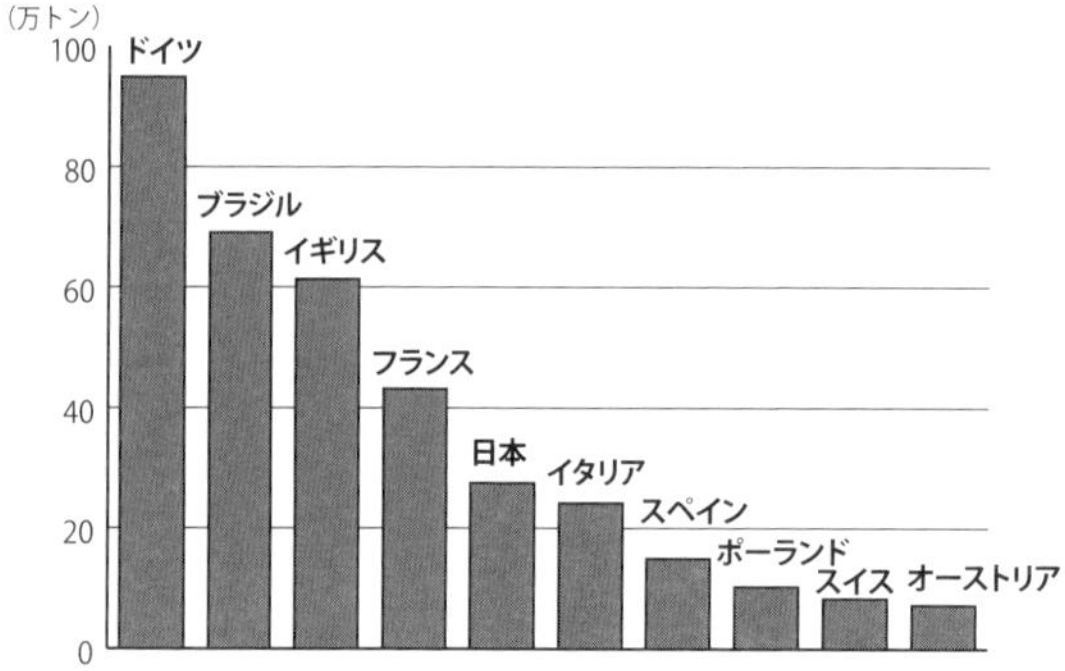

世界のチョコレート消費量（国別1人当たり、2011年）

順位	国名	1人当たり消費量(kg)（板チョコ1枚70g換算枚数）
1	ドイツ	11.6（166枚）
2	スイス	10.6（151枚）
3	イギリス	9.8（140枚）
4	ノルウェー	9.2（131枚）
5	オーストリア	8.7（124枚）
20	日本	2.2（31枚）

出所：日本チョコレート・ココア協会ウェブサイト　「世界主要国チョコレート菓子生産・輸出入・消費量推移」を参考に筆者作成
http://www.chocolate-cocoa.com/statistics/domestic/world.html

第3章
カカオとチョコレートの歴史

カカオ生産地とアフリカの関係

チョコレートの始まりは、紀元前２０００年頃のマヤ文明の時代にさかのぼるといわれています。

マヤ文明が栄えた地域には、いまのメキシコ、ベリーズ、グアテマラと、エルサルバドルとホンジュラスという国ぐにが含まれます。それらの地域では、発酵、乾燥させたカカオ豆をローストして皮を取り除いた後に、平らな石臼でくだいてペースト状にしたものを水と混ぜ、さらにトウモロコシの粉やハチミツ、トウガラシなどを加えて泡立つまで混ぜて、スプーンですくって飲んでいました。その後、交易が発達したことで、メキシコを中心とするアステカ文明にもカカオを飲む習慣が広がりました。

マヤやアステカの遺跡で見つかった古い土器からは、カカオが神聖な飲み物で、美しく装飾された容器に入れられ王や貴族に捧げられたことがわかっています。

カカオは金や銀と同じように経済力の象徴で、お金の代わりとしても使われていました。たとえば、雄の七面鳥１羽がカカオ豆２００粒、小さなウサギ1羽は30粒、七面鳥の卵1個や、大き目のトマト1個が1粒に相当したとされています。＊　また、奴隷1人が１００粒という記録もあるようです。

その後、16世紀にコロンブスが新大陸を発見したことをきっかけにカカオ豆がヨーロッパに持ち込まれ、スペイン人の中央アメリカ侵攻とともにカカオ文化がヨーロッパへと伝播《でんぱ》していくことになります。土地や労働者の取引などにもカカオが通貨として使われていたことを知り、侵略者たちはカカオの経済的価値をすぐに見出しました。

しかし、飲み物としてのカカオははじめ受け入れられなかったようです。イタリア人のジロラモ・ベンゾーニは、１５７５年に出版した『新世界の歴史』という本のなかで、「それ（チョコレート）は、人類よりは豚にふさわしい飲み物のように思える」と記しているほどです。＊

カカオの食べ物としての価値を見出したのは修道士たちともいわれています。植民地の先住民をキリスト教に改宗させるため、現地の人たちの生活習慣や文化を研究するなかでチョコレートの魅力を知り、砂糖を大量に加えたスペイン人にとって飲みやすい「飲むチョコレート」を生み出したそうです。

長い間、カカオ生産地はスペインが支配していました。チョコレート製造もスペインが独占していましたが、１６１５年にスペインの王女がフランス

＊『チョコレートの歴史』ソフィー・D・コウ／マイケル・D・コウ著、樋口幸子訳、河出書房新社、1999年、137〜8ページ、『チョコレート・バイブル――人生を変える「一枚」を求めて』クロエ・ドゥートレ・ルーセル著、宮本清夏／ボーモント愛子／松浦有里監訳、青志社、２００９年、87ページ

＊『チョコレートの歴史』１５４ページ

の国王と結婚したことがきっかけで、ほかのヨーロッパ諸国の貴族の間にチョコレートの文化が広がっていきました。* チョコレートが健康によく薬としての効能があることも、人気を高めた一因だといわれています。*

このように、古代マヤの時代から、チョコレートは貴族や兵士、聖職者など、一部の特権階級が楽しみを独占していました。その後貿易が盛んになり中産階級が育っていたイギリスにチョコレートが渡ると、王侯貴族の文化が商人へと広がっていきます。

1657年にはイギリスのロンドンで世界初のチョコレートハウス*が誕生し、政治について議論したり社交を深めたりする場でホットチョコレートが飲まれるようになっていきました。17〜18世紀には、ヨーロッパ全体にチョコレート文化が広がり、砂糖で甘みをつける飲み方が流行しました。チョコレートの需要が増えるにつれて、砂糖の需要も拡大していきました。*

チョコレートの誕生

19世紀に入ると、ヨーロッパ各地で、現在の固形のチョコレートをつくるためのさまざまな技術が発明されました。その1つがココアパウダーの製造

* 『チョコレートの真実』キャロル・オフ著、北村陽子訳、英治出版、2007年、46〜48ページ
* 『チョコレート・バイブル』80ページ
* **チョコレートハウス**：イギリスではコーヒーを飲みながら社交を深める場として、コーヒーハウスが広がっていた。そこにチョコレートが取り入れられて、チョコレートハウスと呼ばれた。
* 『チョコレート展公式ガイドブック』読売新聞東京本社、2012年、29ページ

技術です。カカオは成分の50％ほどが脂肪分のため、水と混ざりにくく、飲むチョコレートをつくるのも大変な作業でした。

そこでカカオを砕いて練り合わせたカカオマスから脂肪分を抽出する方法を開発したのが、オランダ人の化学者バンホーテンです。バンホーテンは脂肪分を約20％にまで減らすことに成功し、粉末状のココアパウダー*をつくりました。これによって、カカオがお湯に溶けやすくなり、砂糖を混ぜた「ココア」が誕生するわけです。開発者の名前を取って「バンホーテン」というココアのブランドも誕生しました。

1847年には、現在の固形のチョコレートの原型が誕生しました。曽祖父の代からチョコレート製造会社を経営するイギリス人のジョセフ・フライ*が、ココアパウダーと砂糖を混ぜる際に、お湯の代わりにココアバターを混ぜてみたところ、液体だったチョコレートが冷やすと固まり、食べると口のなかで溶けることを発見しました。翌年フライ社は、カカオマスに砂糖とココアバターを加えたダークチョコレートを販売しました。スイスでは、粉ミルクが発明され、キットカットなどで有名なネスレ社が、1875年にチョコレートにミルクを混ぜたミルクチョコレートを開発しました。

＊粉末状のココアパウダー：ココアパウダーの開発によってココアが大量に生産され、価格が安くなり、チョコレートの工業化、大量生産・大量消費が進んでいく。抽出された脂肪分はカカオバターと呼ばれ、固形のチョコレートには欠かせない原料になる。

＊ジョセフ・フライ：イギリス人。曽祖父の後を継ぎ、チョコレート会社フライ社を経営。カカオマスにココアバターを混ぜた、現在のチョコレートの原型を発明。

　これらの技術革新は、18世紀に始まった産業革命の恩恵でもあります。チョコレート製造においてもさまざまな機械化が進みました。スイスのリンツ社は、チョコレートをつくるために欠かせないコンチング（精錬）をおこなう機械（コンチェ）を発明しました。口どけのよいなめらかなチョコレートをつくるためには72時間以上コンチングをおこなうとよいとされていますが、このことを発見したのもリンツ社でした。工場が休みに入る前の週末にコンチェの動きを止めるのを忘れて帰ってしまったところ、チョコレートがトロトロになめらかになっていたのです。こんな偶然から、長時間コンチングをおこなうと、なめらかなチョコレートができることもわかりました。＊

　一方、ドイツでは、レシチン（乳化剤＊）を加えてチョコレートをつくる方法が開発されました。レシチンは、液体状のチョコレートの粘り気を減らしてなめらかにするために使われています。この技術が、なめらかなチョコレートを短時間で大量に安くつくることを可能にし、チョコレートを庶民の嗜好《しこう》品へと変えていきました。

　日本では、1918（大正7）年に森永製菓が日本ではじめてのチョコレート工場を設置し、カカオ豆からチョコレートの一貫生産を始めました。その8年後に明治製菓（今の明治）も生産を始め、日本にもチョコレートが広がっ

＊「チョコレート展公式ガイドブック」37ページ

＊**乳化剤**：水と油のように本来混じりにくいものを均一に混ぜ合わせることを乳化という。本来であれば、時間をかけてていねいに練り上げられるべきところを短時間で乳化が進むよう乳化剤が使われる。また、チョコレートのコストを抑え、値段を下げるためにカカオバターの代わりに植物性油脂などが混ぜられている。これらの混合物は、カカオ本来のおいしさを弱めてしまうといえるが、チョコレートを安くたくさんつくるために、このような技術が開発された。

ていきました。

もともとは貴族や王様のみが口にできる神聖な飲み物であったチョコレートが、やがてヨーロッパへ広がり、産業革命とともに安く大量につくれるようになったことで、わたしたち一般市民も食べることができるお菓子に変わっていったのです。

しかし、チョコレートの消費が増えるということは、原料であるカカオの需要が増えることになります。チョコレートはわたしたちの生活に甘さとゆたかさを与えてくれるものになりましたが、一方でカカオの需要を支える裏にはたくさんの苦い歴史が隠されています。

カカオと奴隷労働の歴史

１５００年代前半のスペインによる侵攻*に端を発し、中央アメリカはスペインの植民地となっていきました。金などの鉱物やカカオ、綿なども、資源としてたくさんヨーロッパに持ち込まれました。

鉱山や農園での労働を支えていたのは原住民でした。人びとは、休みも与えられず奴隷のように働かされました。チョコレートがスペインで広がり始

***スペインによる侵攻**：１４９２年のコロンブスの新大陸の発見以降、15世紀から17世紀にかけて、スペインは中央アメリカ地域の植民地化を進め、16世紀半ばまでにアステカ帝国、インカ帝国を滅ぼした。スペインは南アメリカ西部から中央アメリカ、メキシコに至る地域を支配下に置き、ポルトガルが南アメリカ東部（現在のブラジル）を征服。この2つの国が主要なカカオ生産地をおさえていた。

めると、カカオの大規模農園が拡大していきました。

　アメリカの原住民は過酷な労働に加え、ヨーロッパから持ち込まれた伝染病によって、たくさんの人びとが命を落としました。このため中央アメリカでは急激に人口が減少し、肉体労働を担う労働者がいなくなってしまいました。そこで連れて来られたのがアフリカからの奴隷だったのです。これが、ヨーロッパとアフリカ、中南米にまたがる三角貿易*の始まりです。

　アフリカとカリブ海地域との間の奴隷の移送は、16世紀半ばからすでに確立していたとされています。カリブ海地域では砂糖もたくさんつくっていたので、さとうきび畑でもアフリカからの奴隷が労働力として使われるようになりました。砂糖とカカオ、チョコレートづくりに欠かせないこの2つの原料は奴隷労働によって支えられてきたのです。

　中央アメリカを植民地化したヨーロッパ諸国は、衣類や武器、銀製品、食器などの工業製品を船に積んで、アフリカの奴隷市場へと向かいました。ヨーロッパから持ち込んだ工業製品と引き換えに、アフリカの労働者を大量に買いつけて船に詰め込み、アメリカ大陸へと運びました。奴隷労働によって栽培されたカカオやコーヒー、砂糖、綿、タバコ、ゴムなどの農産物は、奴隷を積み下ろした船に積まれ、ヨーロッパ本国へ運ばれました。アフリカから

三角貿易

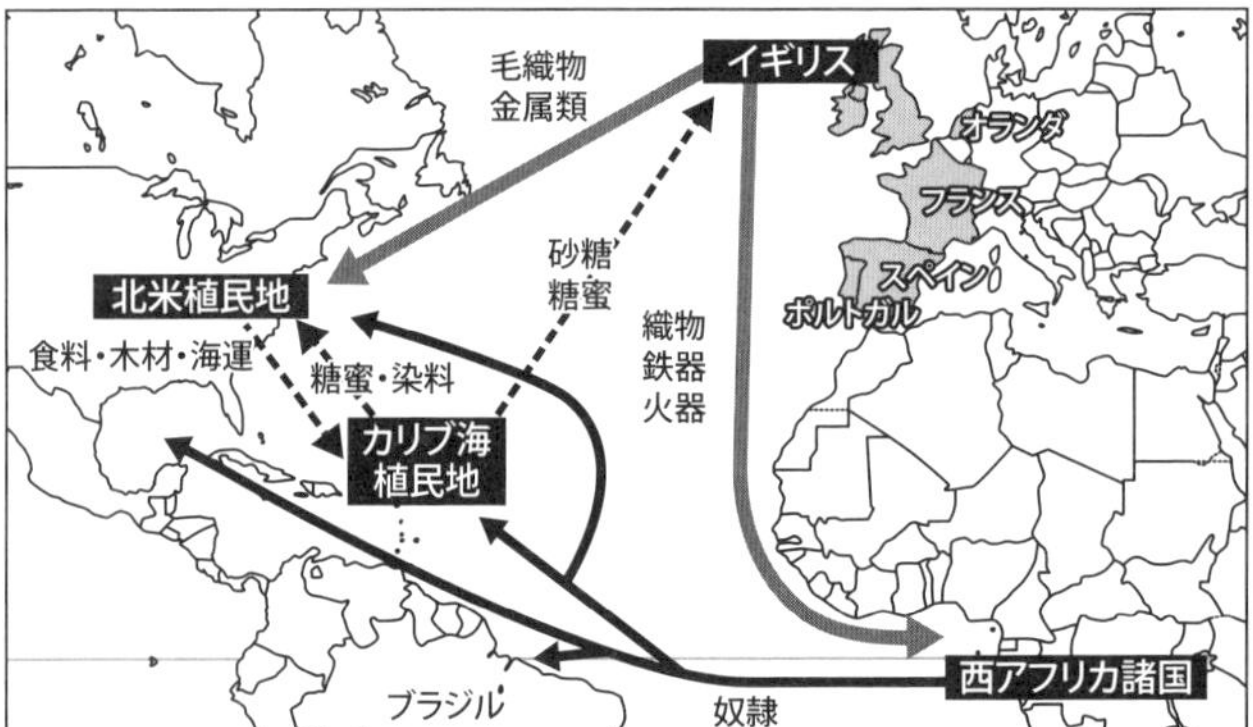

奴隷を買いつけた商人は、「目的地に到達すると、奴隷1人につきアフリカで支払った額の5倍近いお金を手にした」といいます。*

奴隷貿易がおこなわれた４００年の間に奴隷になったアフリカの人びとは、１２００～１５００万人にも上るといわれています。同じ人間がやったとは信じがたいほど、悲しいできごとです。

１８００年代に入ると、ヨーロッパ諸国の植民地事業の一環として、カカオの生産がほかの地域にも広げられていきました。はじめに移植されたのが西アフリカ、ギニア湾沖のサン・トメ島（プリンシペ島とともに、サントメ・プリンシペ民主共和国に属する）で、１８２４年にポルトガル人がブラジルのフォラステロ種の挿し木を移植しました。１８５０年頃には、サン・トメ島のカカオの挿し木がフェルナンド・ポー島（現在は赤道ギニア共和国領）に移植され、そこから西アフリカ一帯へと広がっていきました。*

１８７６年にはガーナにも持ち込まれました。鍛冶屋の仕事でフェルナンド・ポーへ出稼ぎに行ったテテ・クワシという男性がガーナ（当時はゴールドコースト）に帰国する際に、カカオの種を持ち帰って故郷の村に植えたところよく育ち、気候が適しているということで南部一帯にカカオの栽培が急速に広がったといわれています。

*『チョコレートの歴史』275ページ

*『チョコレートの歴史』279ページ

イギリスはスリランカに、オランダはインドネシアにカカオを持ち込みました。現在のカカオ生産地を表した地図を見ると、植民地支配の歴史と深い関わりがあることがわかります。カカオだけではなく、チョコレートにも使われる砂糖や、紅茶、綿など、身の回りにあるさまざまな農産物が同じような運命をたどっているのです。

やがてブラジルでカカオの疫病が流行して壊滅的な被害を受けたことで、南米でのカカオ生産は大きく後退しました。西アフリカが世界最大のカカオ生産拠点となり、世界に流通するカカオ豆の7~8割がつくられるようになっていきました。

アフリカのカカオ生産地で起きている児童労働

第1章で紹介したように、カカオの生産地域では子どもたちが教育も受けられずに過酷な労働を強いられる児童労働がいまも問題になっています。この問題が国際的な注目を浴びたのが1990年代後半でした。2000年にはイギリスのドキュメンタリーで、コートジボワールのカカオ農園の90％で奴隷労働がおこなわれていることが指摘され、隣国マリなどからの出稼ぎ労働者や子どもの労働者がカカオ生産を支えているということも報じられました。*

　２００１年には、西アフリカのギニア湾で10歳から14歳の子ども２００人以上が乗っていた船エティレノ号が行方不明になった事件もありました。じつはこの船に乗せられていた子どもたちは、コートジボワールのカカオ農園に奴隷として売られる予定で、この発覚を恐れた船長が子どもたちを海に投げ捨てたために、その後出発地のベニンに戻ってきた船には、20人ほどしか子どもが残っていなかったといわれています。

　２００２年に国際熱帯農業研究所（ＩＩＴＡ）が発表した調査レポートでは、コートジボワール、ガーナ、カメルーン、ナイジェリアの西アフリカ４カ国で、約28万人の子どもが、なたを使った開墾作業など、カカオ生産に関わる労働に従事していることが明らかになりました。小規模な家族経営のカカオ農園が多く、農園経営をする家庭の子ども（6〜17歳）の３分の１は一度も学校に行ったことがないこと、カカオ農園で働く子どもの64％が14歳以下であることがわかりました。また約1万２０００人の子どもが農園経営者と血縁関係のない子どもで、これは人身売買の危険性を示唆しています。

　「世界カカオ財団」*の報告（２０１２年）によると、世界のカカオ生産者は５００万人から６００万人とされ、４０００万人から５０００万人の人び

＊カナダで出版された『チョコレートの真実』は、コートジボワールのカカオ農園で、隣国マリから人身売買された子どもたちの強制労働の実態、人身売買をあっせんする犯罪ネットワークの存在を告発している。

＊**世界カカオ財団**：カカオビジネスの継続性を高めることを目的に、カカオ生産地の農業開発や環境保全に取り組む業界団体。２０００年に設立され、各国でチョコレートやカカオに関わる企業の多くが加盟している。

とがカカオの生産で生活を成り立たせているといわれています。カカオ生産者の90％は小規模な農家で、平均の耕作面積は2～5ヘクタール（1万～5万平方メートル）といわれています。

小規模な家族経営の農家では、代々教育を受けた経験さえもなく、カカオ栽培や農園経営に必要な知識やスキルを持っていません。資本力がなく、労働者を雇ったり肥料や機械を導入したりできないため、非効率な栽培から抜け出せず、苦境におちいっている農家が多数見られます。

このような農家では、子どもの教育費をまかなうことがむずかしいばかりでなく、子どもを労働力として自分の畑で使うか、口減らしも兼ねて子どもを働きに出すかの選択がおこなわれます。このような小規模農家の置かれた状況が、児童労働を蔓延《まんえん》させる原因になっています。

非人道的な奴隷制度は1888年までにすべての国で廃止されました。しかし、甘いチョコレートを楽しむ先進国の消費者のために、発展途上国の生産者の人たちや子どもたちが過酷な労働を強いられている構図は、100年以上の長い歴史を経ても何ら変わっていないようにも思えます。

第4章
児童労働を生み出すカカオと貧困の関係

アフリカの優等生、ガーナ

12ページの地図を見てください。ガーナが位置するのはアフリカ大陸の中央付近、ギニア湾に面しています。その下が赤道です。アフリカを東西に分けると、ガーナは西アフリカ地域*に属します。アフリカはとても広大な大陸で54カ国が属しています。

日本からガーナまでは直線距離で約10万キロ。日本からの直行便はなく、飛行機でもまる一日かかります。２０１４年4月現在、日本の約3分の２（約24万平方キロメートル）、人口は２５５０万人で日本の約５分の1です。赤道のやや北に位置し、南部*は熱帯地域に属し、北部*は乾燥地帯のサバンナ気候に属します。５月から9月は雨期、12月から2月は乾期*にあたります。

熱帯湿潤気候のガーナ南部は、1年を通じて適度な気温と降雨があり、カカオ栽培に適しています。経済的にも、カカオは重要な輸出農産物で、輸出総額の25％弱がカカオ豆とカカオ加工品（ココアペースト、ココアバターなど）が占めています。20ペソワ硬貨にカカオの実が刻まれていて、カカオが

*西アフリカ地域：コートジボワール、ナイジェリア、カメルーン、トーゴ、ブルキナファソ、セネガル、マリなど。

*南部：年間を通して寒暖の差が少なく1年中30℃以下の気温。

*北部：気温が高くなる時は40℃近くにもなり、昼夜の寒暖の差が激しい。最低気温が20℃を下回る地域もある。

*雨期と乾期：ギニア湾からの季節風の影響で冷たく湿った空気が流れ込むと雨が降り、内陸部から北東貿易風（ハマターン）が吹き、温かく乾いた空気が流れ込むと乾期になる。

国にとって重要であることがうかがえます。また、カカオと同様、重要な外貨獲得源となっているのが金で、かつては黄金海岸（ゴールド・コースト）とも呼ばれていました。

ガーナという国名がついたのは、１９５７年にイギリスの植民地支配から独立してからで、初代のエンクルマ大統領が名づけました。じつはガーナは、ヨーロッパの植民地支配からもっとも早く独立を果たしたアフリカの国です。紛争が絶えない国が多いアフリカのなかでも、民主主義が定着して経済的にも成長軌道に乗っており、優等生と呼ばれる国の１つです。* ２００７年にはガーナ南西部の沖合で油田が発見され、日本企業を含む外国企業の注目を集めています。首都アクラでは、大規模なショッピングモールや新しいビルがつぎつぎと建設されており、発展を肌で感じることができます。

ガーナのなかの南北問題

このように、経済成長や民主化に成功し、アフリカの優等生といわれるガーナですが、その恩恵は国全体に行きわたっているわけではありません。開発が進んでいる都市部と成長から取り残されている農村部の格差や貧困など、

＊**優等生と呼ばれる国の1つ**：ガーナは、2010年の1人当たりGNIが1760米ドルで（世銀：2013年）、中所得国の仲間入りを果たした。2009年にアメリカ初の黒人大統領に就任したオバマ大統領は、就任後はじめてのアフリカへの公式訪問の際、最初の訪問国にガーナを選んだ。その理由の1つに民主主義が定着していることがいわれ、ガーナのメディアでもそのことが大きく取り上げられた。

さまざまな課題が残っています。

ガーナでは、食糧や栄養が不足するような極度の貧困状況にある人が国全体で約20％、5人に1人といわれています（2005〜06年）。食糧や栄養が不足するレベルではないにせよ、食料品以外で最低限生活に必要なものを入手できないレベルの貧困状態にある人は30％近くに上るとされ、国民の約半数が何らかの貧困状態*にあります。また、都市部と農村部で貧困層の割合に大きな開きがあり、農村部では約65％の人が貧困状態にあるとされています。

貧困とは、収入や食糧の問題だけではありません。人が人間らしく生きるために必要な最低限の生活水準や環境が整っていない地域もあります。たとえば、日本ではどこでもあたりまえにある水道や電気、トイレが、田舎の農村にはないことが、ガーナではあたりまえになっています。

生活のなかで出る汚水やごみなども衛生的に処理されていないことから、病気にかかりやすくもあります。病院がないためにすぐ治療を受けることができず、本来なら簡単に治せるような病気で人が亡くなることもめずらしくありません。

学校も、校舎が不完全な状態であったり、机やいすが足りなかったり、先

＊**貧困状態**：ガーナでは、消費支出を1つの基準として貧困状態を定義づけており、すべての支出を投入しても、必要なカロリー摂取（一日当たり成人男性で2900kcal／人）が不足するような生活水準を「低位貧困ライン」とし、食糧は入手できるものの、最低限の非食料品を入手できない水準を「高位貧困ライン」としている。2006年の水準で、低位貧困ラインは年間おとな一人当たり換算で約315米ドル、高位貧困ラインは約407米ドルであった（国際協力機構（JICA）農村開発部（2010）ガーナ共和国平成21年度貧困農民支援調査（2KR）調査報告書、2010年、13ページ）。

生がいなくて授業がおこなわれていないことはよくある話です。子どもたちが歩いて通うには遠すぎる、大雨が降ると通学路が遮断《しゃだん》されて通えないということもあります。

貧困のレベルでいうと、南部のカカオ生産地域よりも、北部の方が状況が厳しく、ガーナ統計局の「貧困状況の推移に関するレポート」によると、ノーザン州、アッパーイースト州、アッパーウエスト州の北部３州の貧困率がとくに高く、アッパーウエスト州では85％以上が貧困層という統計も出ています。

ガーナの北部と南部では民族や言語、文化も異なり、北部はイスラム教徒、南部にはキリスト教徒が多く暮らしていますが、イスラム教徒とキリスト教徒の関係は良好で、同じ村や地区のなかで共存しています。

２００８年のガーナの生活水準調査によると、１年間の世帯当たりの支出レベルが、国全体の平均で１９１８セディ（約14万円）、もっとも高いアクラ首都圏においては２９０７セディ（約21万円）のところ、アッパーイースト州では１０６６セディ（約８万円）、アッパーウエスト州では９０１セディ（約６万円）と、極端に少ないことがわかります。*

教育についても、小学校の就学率が全国平均約86％、ほかの州では90％を超えるところがある一方で、北部３州では57～69％と大きく差が開いています。

* "GHANA LIVING STANDARDS SURVEY REPORT OF THE FIFTH ROUND(GLSS 5)" ２００８、94～95ページ　※為替レートは、２００８年12月時点

ガーナの各種統計　農村と都市の格差

	低位貧困ライン以下	高位貧困ライン以下	合計
都市部	5.7%	10.8%	16.5%
農村部	25.6%	39.2%	64.8%
全体	18.2%	28.5%	46.7%

国際協力機構（JICA）農村開発部（2010）ガーナ共和国平成21年度貧困農民支援調査（2KR）調査報告書、13ページをもとに作成

その背景には、北部にはカカオのような現金収入を得られる農業や産業がないことがあります。貧困から抜け出すため、大都市や南部のカカオ生産地域に出稼ぎに行ったり、家族そろって移住する人が後を絶ちません。

カカオ農園で小作人として雇われて働いている労働者はガーナ北部出身の人が多く、カカオ生産は北部の貧困層の労働力によって支えられているという実態があります。そのなかで、子どもだけが働き手として誘拐同然で連れて来られる「人身売買」も起きているのです。

カカオがつくれるのに貧しい農村

ACEが2008年にアシャンティ州で調査した結果では、小作人として農園管理を任されている農家の多くが小規模で、1年間のカカオ生産量*が極端に少なく、かつ生産効率*が低いことがわかりました。そのため生活を支えられるだけの収入が得られず、人手を雇えるだけの経済的余裕もないために、子どもの労働力に頼らざるをえない状況にありました。学校で必要な学用品や子どもの教育費もまかなえないような状況でした。

カカオは国の経済を支える重要な農産物で、生産量を増やすためのさまざ

***年間のカカオ生産量**：麻袋1～2袋、64～128キロ相当。

***生産効率**：土地約0・8ヘクタールに対してカカオ1～2袋程度、通常の8分の1程度。

まな取り組みがおこなわれていますが、国からのサポートは十分になされてきたとは言えません。たとえば、ガーナではカカオ農園での農薬の使用が厳しく管理されているため、政府が派遣するチームが農薬散布をおこなってきました。しかし、全生産地域にまんべんなくサービスが行き渡っていなかったり、農業普及員による指導が限られた地域でしかおこなわれていなかったりします。そのため農家の生産量が上がりません。

カカオ農業に関わらず、井戸や病院、学校など、国や行政のサービスや社会インフラの整備が農村地域で遅れていること、貧困層などの社会的弱者を支える福祉制度が整っていないことも課題です。都市優先、経済開発優先の政策によって、農村地域や貧困層が取り残されてしまっているのです。もとより、政治家や経済的な指導者、行政官僚などは都会で生活しているため、農村地域で起きていること自体を知らないことがよくあります。

カカオの国際価格がもたらす貧困

もう1つ、カカオ農家の生活水準が低いことの背景には、カカオの価格の問題があげられます。ガーナでは、政府が国内で生産されるカカオ豆を一旦すべて買い上げ、各国の商社からカカオ豆の輸入の注文を受けつけて、国の管理のもとでカカオを輸出しています。国が農家からカカオを買い上げる際の価格は、国際価格に連動して政府が毎年統一して決めています*。

国が価格を統一してカカオを買い上げるため、ガーナでは、中間業者があからさまに農家を買いたたくようなことはできないしくみになっています。しかし、それでもカカオ農家の生活が苦しい原因は、国際相場で決まるカカオの価格そのものが低いことにあります。カカオの生産や加工にはたくさんの労力がかかりますが、その労働に対して適正な価格がつけられているとはいえません。

カカオの国際価格は、毎日、ニューヨークとロンドンの先物取引*市場で決められています。先物取引の価格*は、需要や世界全体の収穫量、天候や各国の政治経済状況などに影響を受けます。

最近はカカオの需要に対して十分な生産量が見込めないことなども影響しているといわれています。

先物取引は投資家による投機にも利用されています。カカオを購入することが目的なのではなく、短期的な価格の変動を利用して売買し、利ざやを得ることが目的です。その投資家の動きによって、価格が影響を受け大きく変

*政府の方針としては、国がカカオの輸出で得た収入の7割は農家へ還元し、残りの3割をカカオに関わる政府サービスの財源にあてることになっている。

***先物取引**：農産物や鉱工業材料、金などの商品を将来の値段で売買することを、現時点で約束する取引のこと。たとえば、収穫前の1月に1キロ100円で、収穫後の10月末に売ることを約束する取引の場合、その10月に価格が上がっているか下がっているかで、売る側・買う側の収入が決まってくる。

***先物取引の価格**：ここ数年のカカオの国際価格の高騰の背景の1つには、2010年12月のコートジボワールでの大統領選挙にともなう混乱があった。カカオの世界第1位の生産国であるコートジボワールからのカカオの輸出が一時的に禁止されたため、市場に出回るカカオの量が減ることが予測され、価格が跳ね上がってしまった。

動します。価格が高い時はよいですが、下がりすぎてしまうと、農家にとっては大問題です。規模が小さくて経済力を持たない農家ほど、価格変動や天候による影響を受けやすく、さらにもともとの生産力が低いために、多くのカカオ農家が貧困におちいってしまうのです。

そもそも、モノの価格というのは、買う側と売る側の交渉によって成り立っていたものですが、経済のしくみがどんどん大きくなり性質が変化するなかで、お金もうけだけを目的とする人たちによってゆがめられてしまっているようです。

農産物の価格変動によるリスクや価格水準の問題は、何もカカオだけに限った話ではありません。このような状況に対して考えられたのがフェアトレードのしくみですが、フェアトレードについては、6章であらためて考えていきたいと思います。

ガーナで起きている児童労働

2000年頃になって、西アフリカのカカオ生産国で児童労働がおこなわれていることが報道されるようになったことを書きました。ガーナ政府が

カカオの国際相場のグラフ　2005～2014年

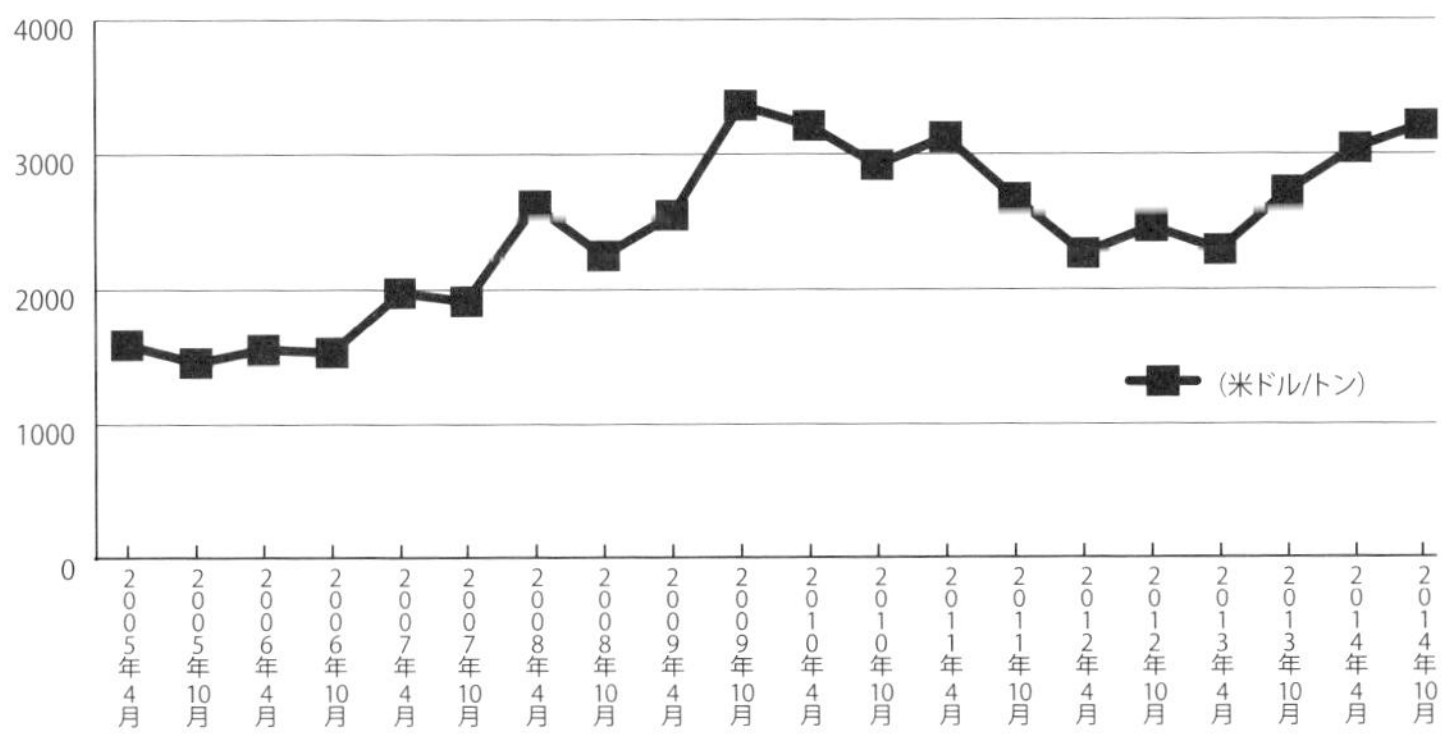

International Cocoa Organization(ICCO)のデータをもとに作成
http://www.icco.org/statistics/cocoa-prices/monthly-averages.html

２００３年に発表した調査結果によると、児童労働者の数*は１２７万人で、そのなかにカカオ農業で働く子どもたち*も含まれています。

国際労働機関（ＩＬＯ）の条約*では、子どもが働いてよい最低年齢が原則として義務教育を終えた15歳（例外として途上国は14歳）であること、18歳未満の子どもには、著しく子どもの心身の健康や社会性に悪影響を及ぼすような「最悪の形態」と呼ばれる種類の労働に就かせてはならないことが、明確に定められています。

１９９２年制定のガーナ共和国憲法には、子どものケアと保護について定めた条文があります。１９９８年の子ども法は、子どもの権利保護のための包括的な内容となっており、「子どもは、あらゆる搾取的な労働から保護される」ことを前提として、第5章には児童労働に関する規定が定められています。ＩＬＯの条約に則して、一般の形態で働いてよい最低年齢は15歳、子どもが健康に支障をきたすような危険で有害な労働*については18歳未満は禁止と明記されています。カカオ産業での児童労働については、ガーナの厚生労働省が中心となって国家プログラムが計画され、児童労働に関する啓発活動がおこなわれてきた経緯もあります。

子どもの権利を守る理念や法律があるのに、実際には、児童労働や子ども

***ガーナの児童労働者の数**：ガーナ政府統計局の2016年の報告によると189万人

***カカオ農業で働く子ども**：米国シカゴ大学の研究機関の報告（2020年）によると、カカオ生産に関わっている児童労働者の数はガーナで約77万人、コートジボワールで約79万人といわれている。

***国際労働機関（ILO）の条約**：ガーナは138号条約（最低年齢条約）は2011年に、182号条約（最悪の形態の児童労働条約）は2000年に批准。日本の批准は、2000年と2001年。

***危険有害業務**：18歳未満は従事することが禁止されている危険有害業務には、海洋漁業、鉱山と採石業、過重な荷物の運搬業、化学薬品を使用・製造する製造業、機械を操作する業務、バーやホテル、エンターテインメントを提供する施設などモラルに反する行為にさらされる業務があげられている。

の人身取引が起きてしまうのはどうしてなのでしょうか？

法律に違反していないかどうか取り締まりをおこない、違反が見つかった場合には処罰するというのが、基本的な法律のしくみです。しかし、児童労働に関しては、取り締まりがおこなわれることもめずらしく、違反だとわかっていたとしても、処罰されることもほとんどありません。仮に処罰されても、刑が軽いため、抑止力になっていないのです。

たとえば、北部のアッパー・イースト州から11歳と14歳の２人の少年が人身取引された*ケース（17ページ参照）では雇い主が逮捕され、裁判にもかけられましたが、最終的には５００セディ（約２万円）の罰金で、雇い主は釈放されました。

ガーナの子ども法には、児童労働に関する規定に違反した者には、１０００セディ（約４万８０００円）以下の罰金か2年以下の禁固刑、もしくはその両方が課せられると書かれています。子どもの自由をうばい、命をすりへらすような行為をしたことに対して、たった2万円の罰金で済んでしまうというのは、あまりにも刑が軽すぎるのではないでしょうか。

少年たちを働かせていた雇い主が、郡の社会福祉局の事務所で取り調べを受けているところに同席したことがあります。雇い主に罪の意識がまったく

＊**人身取引された2人の少年**：食事は朝晩の2食だけで、病気の時も休みを与えられずに、物置き部屋に寝泊りしていた。学校へ行きたいと言ってももちろん行かせてもらえることはなく、親と連絡を取りたいといっても取らせてもらえなかった。家から遠く離れ、相談する人もいないため、自分の家がどこにあるのかも、どういう手段を使ったら帰れるのかも、まったくわからないような状態であった。これは明らかに、強制労働と同じ状況といえる。

なく、なぜ取り調べを受けているのかもわかっていない様子にとても驚きました。

このケースで気づかされたのは、児童労働や子どもの人身取引が、本当の意味で「やってはいけないこと」として認識されていない、ということでした。児童労働が「法律で禁止されていて、違反すると罰せられる犯罪行為である」とは考えられていないのです。これはガーナに限ったことではなく、世界に共通していえることだと思います。こうした人びとの意識が、世界中で子どもの搾取や人権侵害を黙認し蔓延させてしまっているのだと思います。

第5章
カカオ畑から児童労働をなくすとりくみ

カカオをつくる村の子どもたちとの出会い

ガーナでも世界でも、法律や国際条約で児童労働は禁止されています。それにもかかわらず、カカオ農園で働かされている子どもはまだたくさんいて、子どもたちを救うとりくみも十分にはおこなわれていません。

２００９年から、わたしたちＡＣＥはガーナで「スマイル・ガーナプロジェクト*」に取り組み始めました。プロジェクトの名前には、子どもたちやカカオ農家の人たちにたくさんの笑顔が広がるようにとの想いが込められています。

まずＡＣＥは、ガーナで子どもの権利を守る活動を続けている現地ＮＧＯのＣＲＡＤＡ*（クラダ）の協力を得て、カカオ生産地域の児童労働に関する実態調査をおこないました。子どもや農家の人たちから話を聞いたり、学校を訪ねたり、村に滞在し、農作業を体験したり、観察をしたりもしました。

調査で最後に訪れたある村は、村が位置する郡のなかでもいちばん西の端っこにあります。郡の中心地ニナヒニから車で1時間半ほどのところにある、ウェスタン州との州境に位置する小さな村です。

＊スマイル・ガーナプロジェクト：正式な日本語のプロジェクト名は「持続可能なカカオ農園経営と教育を通じた児童労働撤廃プロジェクト」。日本が輸入するカカオ豆の8割はガーナ産で、わたしたちの暮らしと密接に関係している。チョコレートという身近なものをきっかけに、日本の市民や企業などを巻き込みながら児童労働の問題の解決に取り組むことをめざし、ガーナで活動することを決めた。

＊CRADA（クラダ）：Child Research for Action and Development Agencyの略称。「社会で脆弱な立場にある女性や子どもへの搾取をなくし、貧困から抜け出すための支援をすること」を使命に掲げ、ガーナ人の医師によって1999年に設立された現地NGO。主な活動として、子どもや

はじめて村を訪ねた時、村の学校では、小学6年生の子どもたち10人が、屋外で木の下に机を並べて、授業を受けていました。ガーナでは幼稚園2年間から、小学校6年間と中学校3年間までが義務教育ですが、この村の校舎には小学校の教室が6つあるだけで幼稚園の校舎がなく、教室1つを幼稚園の年少と年長のクラスが合同で使っていたため、6年生が教室を使えなくなってしまっていたのです。幼稚園生の教室には机やいすがなく、子どもたち40人ほどがあふれていました。

外で勉強していた6年生の子どもたちに少し時間をもらい、家やカカオ農園で子どもたちがしている仕事について話を聞きました。

子どもたちは、朝5時半から6時の間に起きて7時から7時半の間に学校へ出発しますが、それまでに朝の水汲みと掃除やごはんの支度をすることを教えてくれました。水不足のため水汲みに時間がかかって学校に遅刻する子どもも多く、授業の開始を遅らせることもあるようです。

子どもたちは学校から帰った後も、水汲みに出かけます。曜日や季節によっては、畑に行って農作業を手伝うこともあります。とくに市場が開かれる前日には、農産物の収穫や市場への搬入を手伝ったりします。市場が開かれるその日には、多くの子どもたちが親と一緒に市場へ出向き、販売を手伝って

女性の権利保護、児童労働、ストリートチルドレン問題に取り組むプロジェクトの実施や農村住民の自立支援、調査や政府への政策提言などをおこなっている。2008年にACEが現地調査を実施する時にコーディネーターを務めて以来、パートナー団体として一緒に活動している。

外で勉強する小学6年生のクラス

います。週末には朝から畑に出て、カカオ豆の運搬や薪《たきぎ》集めなどをします。

カカオ農園で子どもたちがおこなう作業は、草刈りや水汲み、カカオの実の収穫、発酵させたカカオ豆の運搬などで、小学校2、3年生ごろからやり始めていました。なた*を使ってカカオの実を割る作業は危険をともない、調査した子どもたちの多くが、なたで切り傷をつくっていました。

重い荷物を運ぶ作業で頭や首の痛みを訴え、疲労で学校を休んだり、痛み止めの薬を飲まなければ学校に行けない日があると、教えてくれた子どももいました。

小規模のカカオ農家では、収穫量が少なく労働者を雇うお金がないので、子どもの労働をあてにせざるを得ません。また、小作農家は借りている土地代が重くのしかかり、カカオを売って得られる収入では子どもの教育費までまかないきれないのです。

子どもの時からカカオ畑で働いているという40代くらいの農家のお父さんは、若い頃から身体を酷使したため思うように働けなくなり、その分、子どもを働かせていました。生活苦が世代から世代へと引きつがれているのです。

村には電気も水道もありません。バケツで汲み上げる旧式の井戸が1つあるだけで、井戸から遠い家では、川の水やたまり水を使っていました。井戸

＊なた：カカオの実を枝から切り落としたり、実を割ったり、雑草を刈ったり、農業や日常生活のあらゆる場面で使用されている。

の水もまるでミルクティのように濁っていました。乾期には、井戸が干上がり、水をめぐって住民同士の争いが起きることもあると、村長さんは言いました。ガーナの経済を支えているカカオをつくる村で、安全な水さえ飲むことができないというのは、どうも納得がいきませんでした。

「子どもはみんな学校へ」をあたりまえに

村の生活を改善し、子どもたちが学校で学べるようにすることを目標に、プロジェクトが始まりました。子どもたちは学校で教育を受けることがあたりまえとはいっても、教育の大切さを理解していない親も多いので、まずは教育がなぜ大事なのか、児童労働がなぜいけないのかを伝えていく必要があります。

法律で児童労働が禁止されていることを知らない人も多いため、「子どもの教育をさまたげ、健康を損なうような法律に違反している労働」が児童労働で、「学校にちゃんと通って、放課後や休みの日に安全な環境でお手伝いをすること」は、家の手伝いで問題がないという違いもしっかりと伝えていきました。

子どもたちの通学を徹底させるもう1つのとりくみとして、「村の子ども保護委員会」*をつくりました。ボランティアとして住民のなかからメンバーを募り、学校に通っていない子どもがいたら家庭訪問をして親を説得したり、学校と連絡を取り合って子どもが入学できるようサポートしたりしました。移動のための自転車も支給し、法律についての知識や交渉術などのスキルの講習もしました。このように準備を整えていきましたが、実際の活動はそう簡単ではありません。

子どもを学校に通わせられない家庭の多くは、親が離婚していたり、病気だったり、亡くなっていたりなど、子どもを養えるだけの経済力がありません。シングルマザーの家庭も多いのです。

カカオの生産を支える小さな農家には、仕事や土地を求めて移住して来た人たちが多くいます。やっと住みついた地域に知り合いがいるわけでもなく、農園の世話をするという条件で農園のなかに家があてがわれたりするため、周囲とコミュニケーションをとる機会がなく孤立してしまうのです。

そんな家を訪ねて最初にすることは、まずはお母さんの話に耳を傾け、その苦労をねぎらうことです。そして、どうやったら子どもたちを学校に通わせてあげられるだろうか、と一緒に頭を悩ませます。そうすると、お母さん

＊**村の子ども保護委員会**：ガーナ政府のとりくみにおいても同様のしくみを村レベルで設けることが推奨されている。自転車やTシャツの支給は、政府のとりくみではおこなわれていない。

学校に通う子どもたち

はだんだんと家族の置かれている状況を理解するようになり、考え始めます。

その場ですぐに解決策を見つけられるとは限りませんが、冷静に考え始めるようになったら、変化はもう起きています。学校のある時間には子どもを学校に送り出してほしいこと、放課後や休みの日に子どもに農作業をさせる時は、親が見守るように伝えます。そして、何か困ったことがあれば、いつでも子ども保護委員会やスタッフに相談してほしいと伝えます。これが親を説得する時のだいたいのプロセスです。

学校に来る子どもは増え、中学校もできたけれど……

子どもたちが労働をやめて学校に行けるようになるには、子どもたちが通いやすい場所に学校があり、子どもたちを受け入れる環境が整っている必要があります。プロジェクトをおこなってきた村の小学校も、教室の数や先生の数が足りないことなどが問題となっていました。

学校がうまくいっていないことを親は先生のせいにして、先生は親の協力がないとか、政府がちゃんとしてくれないからだと文句を言います。おたがいに不満を言い合い、責任のなすりつけ合いをしていては、いつまでたっても学校はよくなりません。学校環境の改善や子どもの福祉、住民生活の向上は、本来行政がその役割を担っていますが、行政サービスを待っていても何も変わりません。そこで、ＰＴＡや学校運営委員会など、すでにあるしくみを活用しながら、学校の問題を村びとたちの中心に置いて、村の住民が知恵と力を出し合って学校をよくしていこうと取り組んでいきます。

農作業が休みの毎月月末の水曜日に集会を開きます。校舎や先生用の宿舎の問題、子どもの出席率を向上させるための対策など、村の人たちが自分たちが決めたテーマで話し合います。ガーナの農村では、村長や長老会のメンバーなど、村の要職についている人たちが中心になって村での決めごとをおこなうのが慣例です。しかし、一部の人だけが考えて決定をくだすようなやり方では、必ずしも最善の答えが見出せるとは限りません。決まったことを住民みんなで実行していくためにも、みんなで話し合って決めていくことが重要です。リーダーシップをとる村長やＰＴＡの役員など、村のリーダーへ話し合いの進め方などのトレーニングもおこないました。

こうやって村全体で学校の改善に取り組んできた結果、行政の協力もあり、校舎が改修され教室や机やいすが増え、先生の数も増えました。学校がよくなってきていることを知り、村での教育への関心が高まって、学校に来る子

ＰＴＡで話し合う村の人びと

どもたちの数も増えました。

当時、村には小学校までしかなく、卒業すると隣村の中学校まで1時間以上もかけて通わなければなりませんでした。そういった子どもたちの負担を減らすため、郡の教育局に中学校の新設を要望したところ、２００９年の9月から、村で中学校の授業がおこなわれることになりました。ただし、校舎はすぐにはできないため、小学校の教室を間借りする形でスタートしました。

はじめは1年生だけでしたので教室も1つですみましたが、つぎの年になると教室が２つ必要になり、そのつぎの年は３つの教室が必要になりました。そのしわ寄せで、小学3年生と4年生が1つの教室で勉強することになり、幼稚園生は屋外に押し出されてしまいました。この様子を見て、町の学校に転校する子どもたちも出てきてしまいました。これは予想外の展開で、頭の痛い問題でした。新しく校舎を建てるような大きな予算も活動もプロジェクトの計画には入れていなかったため、どうしたらよいか困ってしまいました。

子どものことは、子ども自身が決める！

中学生が小学校の教室を使っていたことに対して、しばらくは子どもたちもがまんしていましたが、そのがまんが限界に達した時、子どもたちが立ち上がりました。村長さんの家の前に子どもたちが集まり、「早く中学校の校舎を建ててほしい」「わたしたちの教室をうばわれるのはもうイヤだ」と直談判したのです。

子どもたちが村長に対して抗議をするなどということは、日本でもほとんど見ることはないのではないでしょうか。じつはこれがはじめてではなく、以前も子どもたちが村の開発委員会の委員長の自宅前に集まり、雨になると教室に泥が流れ込む問題への対応を直接要求したことがありました。

これは、「子ども権利クラブ」*の子どもたちが起こした行動でした。「子ども権利クラブ」とは、スマイル・ガーナプロジェクトの中で導入されたしくみで、毎週1時間、児童、生徒たちが子どもの権利について学び、子ども自身が子どもや教育に関わる問題や解決策について話し合う場です。小学校高学年と中学校では、議長や書記などに選ばれた執行委員の子どもたちが話し合いを進行します。小学校低学年では、先生が進行役を務めますが、あくまでも話し合いの主役は子どもたちです。

会議のテーマや内容は、校長先生や担当の先生が相談しながら決めています。児童労働がおこなわれていないか、学校の環境で改善すべきところはど

＊**子ども権利クラブ**：英語名は、Child Dignity Club（CDC）。子どもたちが子どもの権利について学び、自分自身の考えを述べるなど、主体的に参加できるしくみとして、スマイル・ガーナプロジェクトで学校ごとに設けている。

話し合いをする子ども権利クラブの子どもたち

ういうところか、遅刻が多い原因は何か、対策として何ができるかなどを話し合います。話し合った内容は書記が記録して校長先生に提出し、住民集会やPTAなどの会議で提案したり、子ども権利クラブの代表者が集会に参加して発表したりしています。そうして、おとなを巻き込んで問題を解決していくしくみです。子どもたちは、自分たちにも権利があり、問題を改善する力があることを学び、その力を実際の生活のなかで発揮していくようになります。子どもたちによる抗議は、その1つのあらわれでした。

子どもたちのあまりの気迫に押されて、抗議を受けた村長はその場で中学校の仮校舎をつくることを約束しました。そしてその翌週には、幼稚園の校舎の隣の空き地で、仮校舎の木材を組み立てるおとなたちの姿がありました。

こうした子どもたちによる行動や意識の変化が、村のおとなたちに刺激を与え、おとなと子ども、住民同士の結束力を強めることにつながり、さまざまな変化を生んでいます。

このような経験を通じて、子どもたちは話し合いという民主的な方法で問題を解決する方法やリーダーシップを育んでいるのです。子どもたちがきっかけとなり、住民の力で学校の問題を解決していくことは、外からの援助で学校が建てられたりすること以上に大きな成果でした。

木造の仮校舎の建設に取り組む住民たち

おとなが働いて家族を支えるしくみをつくる

「児童労働をなくそう」という時に、親や住民から反発される理由が２つあります。

「子どもの労働力を失う」ことへの反発と、「子どもが稼いでくる収入を失う」ことへの反発です。

その対策として３つの活動を考えました。

１つ目は、複数の農家が集まってグループをつくり、たがいの農作業を助け合うしくみをつくったことです。

おとなが協力し合えば、子どもの労働力に頼らずとも農業をおこなうことができます。一見単純なようですが、個々の農家がばらばらに農作業をおこなうことがあたりまえだった時にはできなかったことです。

２つ目の対策は、おとなが稼ぐ収入を増やすことです。

子どもを学校に通わせることができない農家の場合、親自身が教育を受けた経験がなく読み書きさえもできなかったり、農業技術を学んだことがなかったりする人もたくさんいます。カカオ生産地域以外から移住してきて小作人としてカカオ生産を始めた農家はとくにそうです。

まずは、基本的な農業技術のトレーニング*をおこない、病害虫を防ぐなどの方法でカカオの収穫量を増やすことを考えました。

トレーニングをおこなうために村を視察した専門家は、農園に木が密集していることに驚きました。ノウハウを持たない農民は、木をたくさん植えれば植えるほどたくさん実がなり、収穫量*が増えると考えていたからです。

プロジェクトでは、苗の育て方や植え方、肥料のやり方、病害虫の予防や対処法など、農園管理のあらゆるノウハウを一から指導しました。適切な間隔をあけ、木の数を適正な数に間引くよう指導を受けた農園では、たくさんの切り株が見られ、学んだことを忠実に実践している様子がわかります。

指導の結果、カカオの収穫量が増え、収入も少しずつ増えました。また、農薬の使用量が減ったため無駄な支出が減り、その分労働者を雇えるようになり、子どもを働かせずにすむようになったと話す農家もいました。農家の学ぶ意欲も高まり、よりよい方法でカカオを育て、子どもの教育や家族の生活をよくしていこうという意識にもつながっています。

３つ目の対策は、相互扶助グループをつくり、みんなで貯蓄したお金から小額のお金を借りられる融資のしくみをつくったことです。

＊**トレーニング**：「ファーマー・ビジネス・スクール」（ＦＢＳ）と名づけられ、農業の専門知識や経験を持つスタッフや専門家が現場で実践しながら指導することを基本コンセプトにしている。

＊**収穫量**：木が密集しすぎると、個々の木に栄養が行き渡りにくく、湿気も多くなって病気になりやすくなるなど、枝打ちを適切におこなわないと収量が減る原因になる。

カカオ農家の収入があるのは、カカオを販売する11月から3月の間が中心で、それ以外の農閑期には現金収入の手段がなくなります。収入がない時期には、学用品や生活用品が買えず、生活が苦しくなる家庭が多いのです。融資のしくみも活用して、借りたお金で子どもを高校や大学に進学させたり、農業資材の購入やサイドビジネスを始める農家も出てきました。

児童労働をやめて、ただ子どもを学校に通わせようというだけでは、経済的な不安から親の心理的な反発を受けやすくなってしまいます。親に対する経済的サポートをおこない不安を同時に解消することで、親が安心して子どもを学校に送り出せるようになります。

農業トレーニングに参加する村の人びと

教育が人生の基礎をつくる

さまざまなとりくみによって、活動してきたこの村ではすべての子どもたちが学校へ通うようになりました。なぜそんなにも子どもの教育が大事なのでしょうか？　もちろん教育は人権としてすべての人に保障されていることで、法律でも義務づけられているからという側面はありますが、教育は、子どもに生きる力を与えてくれるという意味で、とても大切です。

イヌサくん（18歳）は、小学校3年生の時にお父さんを亡くし、学校を中退してカカオ農園で働き続けてきました。自分の名前を書くこともできませんでしたが、小学校や中学校に通う年齢は過ぎていたので、学校に通うことなど自分には無関係だと思っていました。しかし、「学校に行きたい？」と聞くと、「行きたい」と答えたので、お母さんを説得し、小学校にまた入学して、勉強することになりました。

学校に通い始めるようになったあと、イヌサくんとお母さんを訪ねました。イヌサくんに、「学校に行くようになって変わったこと」を聞いてみると、「朝起きて顔を洗うようになりました。学校へ行く時に身だしなみを整えるようになりました。トイレに行った後、手を洗うようになりました」。そして最後にこうつけ加えました。「自分に自信がつきました」と。18歳の立派に成長した青年の言葉です。信じられないかもしれませんが、本当のことです。

教育を受ける意味というのはどういうことなのでしょう？　たとえば、もしもトイレに行った後に手を洗わず病原菌に感染してしまったら、重大な病気にかかるかもしれません。近くに病院がなかったとして、病気の処置が遅れれば、命を落とすかもしれません。つまり、トイレに行って手を洗うことは、自分の命を自分で守ることでもあるのです。教育とは、自分や周りの人の命を守り、自信を持って自分の人生を生きていけるようにするためにあるということを、イヌサくんに教えてもらったような気がします。

たがいに助け合い、乗り越えていく

プロジェクトの活動の結果、村で中学校の授業がおこなわれるようにはなりましたが、校舎がないために小学校の教室が足りなくなってしまいました（76ページ参照）。しかし、その後大きな進展がありました。ＣＲＡＤＡと相談して対策を検討した結果、日本政府が各国の大使館を通じておこなっている無償資金協力の制度*を使って、中学校校舎の建設事業を申請することにしたのです。村が位置している郡の議会や教育局などの協力も取りつけ、審査を通過することができました。村の住民が建設工事に協力してくれるなど、多くの人たちの努力が実り、２０１３年10月、ついに念願の校舎が完成しました。

じつは、ＡＣＥでは、はじめから校舎の建設をやってあげることはしません。その役割を担うべきは現地の行政だからです。すべて外部の援助でやってしまうと、問題が起きてもだれかが解決してくれる、だれかが解決してく

＊**無償資金協力の制度**：貧困や保健衛生、教育など、開発途上国におけるさまざまな課題の解決のために、日本政府が実施している支援制度。開発途上国の地方公共団体や教育機関、ＮＧＯが実施するプロジェクト（原則1000万円以下の案件）に対し、資金的な支援をおこなう。

れるまで待てばいいという依存体質を強めてしまう危険性もあるからです。

大切なことは、自分たちの力で問題を把握し、解決の糸口を見つけていくこと。いろんな人の協力を得て、力を合わせて解決していくことです。時間はかかるかもしれませんが、そのほうがプロジェクトが終わった後も、村の人たちが自分たちの力で問題を解決していくことができるのです。よく援助の話をする時に、「魚を与えることよりも、魚の釣り方を教えた方がよい」と言いますが、とくにそれを子どもたちに伝えることは、地域にとってより長期的な効果をもたらすことになるでしょう。

教育が人の人生の基礎となるならば、もう1つの支えになるのは、人と人とが助け合い、協力し合うということです。

人は、1人ではないと実感できる時、希望を持つことができ、希望を持つことで厳しい状況を自分の力で打開していく知恵や底力を得ることができるのだと思います。

新しくできた中学校校舎の前で

第6章
「児童労働のないチョコレート」のために世界は動き出した

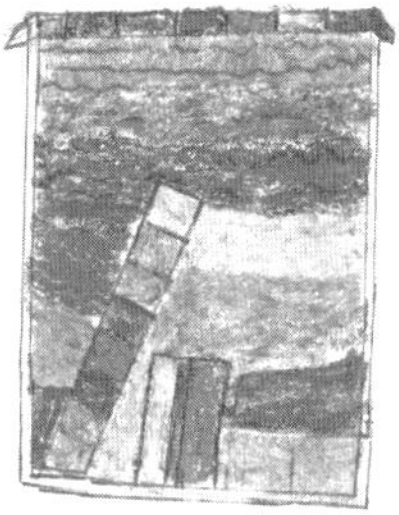

人を動かすメディア

カカオ農園での児童労働が国際的な社会問題として注目を浴びるようになったのは、２０００年のイギリスのドキュメンタリー番組がきっかけといわれています。その後、アメリカのナイト・リダーの記事*には、コートジボワールのカカオ農園に売られてきた12歳の少年が、ほかの18名の少年とともに早朝から日暮れまで搾取的な労働を強いられた様子がレポートされました。

メディアでの報道が発端となり、ヨーロッパやアメリカの消費者団体やNGOなどが、相ついで奴隷労働にまみれたチョコレートのボイコット運動を始めました。その1つ、アメリカの人権団体、国際労働権利財団（ILRF）は、人権の観点から各種チョコレートメーカーをランクづけして成績表を発表するなど、ココアキャンペーンと名づけたとりくみをおこないました。

これらの動きに並行して、アメリカの議会でも動きがありました。カカオ生産地域における子どもの奴隷労働に関する報道を目にしたアメリカの下院議員エリオット・エンゲルと、上院議員トム・ハーキンが中心になり、アメリカ国内で流通するチョコレートが奴隷労働や児童労働に関係していないも

***ナイト・リダーの記事（2001年6月24日）**：少年たちは、十分な食事も与えられず、唯一の窓も土で塞がれた狭い部屋に大勢で寝泊まりしていたこと、身体の大きさをはるかに上回り、2人がかりでないと持ち上げられないほどの重さのカカオを運ばされたこと、仕事が遅かったり転んだりした時には暴力を受けたことなどを証言している。

のであることを証明する認証制度を提案したのです。この提案は、一度は下院で可決されましたが、チョコレート業界の大反発にあい、最終的には法的拘束力を持たない業界の自主協定として落ち着きました。それが「ハーキン・エンゲル議定書」*です。

チョコレートから児童労働をなくすための約束

２００１年９月、菓子製造業協会、世界カカオ財団とその加盟企業は、カカオやカカオ加工製品の生産過程における最悪の形態の児童労働の撤廃に業界が取り組むことを約束した「ハーキン・エンゲル議定書」を締結しました。

まず、２００２年には菓子企業や業界のお金を出し合って、非営利の財団「国際ココアイニシアティブ」（ＩＣＩ）が設置され、主にコートジボワールとガーナで児童労働対策のプロジェクトがおこなわれました。これまでに２カ国で２９０の村、65万人が活動の恩恵を受けました（ＩＣＩ、２０１１年３月）*。しかし、ガーナだけでもカカオを生産する村は５０００以上もあるわけですから、まだまだとりくみは足りません。また最終的には、カカオ生産プロセスに児童労働がないことを証明するシステムをつくることをめざし

＊ **「ハーキン・エンゲル議定書」**：カカオやチョコレートの生産過程から児童労働をなくすための約束と呼ばれる。業界が共同で調査や改善のための活動をおこなうことや、児童労働のないことを証明する認証システムの構築など、６つの項目が約束されたが、目標は達成されていない。

＊ Payson Center for International Development and Technology Transfer, Tulane University [2011]

ていましたが、それは実現しませんでした。

「ハーキン・エンゲル議定書」の締約から、あと1年で10年を迎えようという2010年9月、アメリカのワシントンDCで会議が開かれました。会議には、議定書の提案者である2人の議員のほか、米国労働省、ガーナとコートジボワールの政府関係者、米国菓子協会が参加しました。

先の議定書がうまく実行されなかったため、新たな行動枠組みが採択されました。ガーナとコートジボワールにおいて、①児童労働のモニタリングシステムを確立すること、②問題改善の活動を強化すること、③カカオ農家の経済的持続性を高めるための収入向上に取り組むことが合意されました。米国労働省は2010年度の予算で1000万米ドルの財政支援をおこなうことを約束し、菓子業界は5年間で700万米ドルを出資することを表明しました。ガーナとコートジボワールの両政府も、必要な人的、財政的資源の配分を約束しました。新たな行動枠組みができたということは、カカオ生産における児童労働問題は、現在も解決には至っていない*ということです。


*2021年に米国労働省は、2010年に合意された新たな行動枠組みによる10年の取り組みをまとめた報告書を発表した。多くの企業やNGO、政府により、さまざまな取り組みが進められた一方で、当時目標としていた児童労働の削減には届かなかった。

これからの主流は認証つきチョコレート

　２００１年の「ハーキン・エンゲル議定書」によって、チョコレート業界は、カカオ生産過程での児童労働をなくしていくために、それを証明するしくみをつくることを約束しましたが、その約束は守られませんでした。その一方で、世界を代表するチョコレート企業は、２００９年頃から新たな方針を打ち出し始めました。原料のカカオにフェアトレードなどの認証マークがついたものを使っていこうとする動きです。

　下のようなマークがついたチョコレートのパッケージを見たことはありますか？　これらはチョコレートなどにつけられているマークですが、どれもある一定の基準に従ってつくられた製品につけられているものです。

　それぞれの認証制度には特徴があります。

●**国際フェアトレード認証**――最低価格の保障や適正な労働環境の保障など小規模な生産者の自立を目的としたとりくみ

●**レインフォレスト・アライアンス***――熱帯雨林や生態系の多様性の保全を目的としたとりくみ

出所：フェアトレード・ラベル・ジャパン（FLJ）

レインフォレスト・アライアンス

出所：Rainforest Alliance

●**ウツ・サーティファイド***（**UTZ Certified**）——よい農業慣行の普及による生産性の向上とトレーサビリティを重視するとりくみ

●**オーガニック**（**有機栽培**）——化学薬品の不使用と環境保全を主な目的としたとりくみ（各国・地域で認証基準が設けられている）

　これらの認証制度は、それぞれの目的を実現するために設けられたルールに沿って商品が生産・製造されていることをめざすものです。

　児童労働との関わりからいえば、生産者の保護や自立を強く打ち出した国際フェアトレード認証がもっとも有効といえますが、ウツ・サーティファイドやレインフォレストの認証基準にも児童労働の禁止は明記されています。オーガニックには必ずしも労働や社会面に関する基準は含まれていません。

　これらのしくみはアプローチに違いはあるにせよ、自然環境と人間社会が調和を保ちながら生産活動をおこなっていくことで、地球環境や人びとの暮らしを守っていくことをめざすものです。世界の大手企業はこれらのマークがついたカカオを原料に使うことをめざし始めています。

　たとえばアメリカのマース社は、２００９年4月、２０２０年までにすべてのカカオを持続可能な認証つきのものにすることを宣言し、主力商品のギャラクシーバーにレインフォレスト・アライアンスの認証を取ったカカオ

ウツ・サーティファイド（UTZ Certified）

出所：UTZ Certified

*レインフォレスト・アライアンスとウツ・サーティファイドは、２０１８年1月に統合された。

オーガニック（有機栽培）

ここでは代表してアメリカの認証マーク・USDA Organic Seal を紹介する。
出所：USDA Agricultural Marketing Service

を使い販売しました。その後２０１０年にはウツ・サーティファイド、11年には国際フェアトレード認証の導入を宣言し、主要なチョコレート企業としては唯一、3つの認証システムのカカオを使用しています。２０１２年には、調達したカカオ全体の20％、約９万トンが認証がついたカカオになる見込みと発表されています。

イギリスの伝統あるチョコレートブランドのキャドバリー*も、２００９年7月に看板商品のデイリーミルクチョコレートの原料を国際フェアトレード認証に切りかえ、２０２０年までにすべてのカカオ豆をフェアトレードにすると発表しました。また、ガーナ最大のフェアトレード生産者組合「クアパココ」と連携して、農民育成のプログラムを独自に実施しています。

世界最大の食品メーカーの1つであるネスレ社は、２００９年10月、持続可能なカカオとコーヒーの調達をめざした「ネスレカカオプラン」を立ち上げ、その後10年間で4億６０００万スイスフラン（約４１０億円／２００９年10月時点での為替レート）を投じていくことを発表しました。病害虫に強いカカオやコーヒーの苗を農家に支給して生産性を向上させるとりくみや、児童労働撤廃に貢献するための学校建設、持続可能なサプライチェーンの確立などをおこなっています。また、ウツ・サーティファイドか国際フェアト

***キャドバリー**：１８２４年にイギリス、バーミンガムで創業、イギリスのチョコレート産業をけん引した企業の1つ。２０１０年にアメリカの食品会社クラフトフーズ社に買収され、２０１２年の分社化にともない、現在はモンデリーズ社の1つのブランドになっている。

レード認証のカカオを使っているほか、2011年から児童労働の撤廃に向けて、労働人権団体FLA*と連携して、労働環境の監査や改善にも取り組み始めました。

*FLA：Fair Labour Association

チョコレート企業が認証カカオに取り組むわけ

「サステナブル（持続可能）」な方法で生産されたことを証明するマークをつけたカカオを調達する動きが強まっている背景には、世界的にカカオの生産量が減少しているという問題があります。

現在世界では、年間約400万トンのカカオが生産されていますが、そのうち7割近くが西アフリカ地域で生産されています。最近は、中国やインドなどの新興国の経済が成長し、世界的にチョコレートの消費量が増え、カカオの需要も伸びています。その一方で、カカオの生産量が減ってきているというのです。西アフリカのカカオ生産国では、カカオの樹木の老齢化が進み、病害虫による生産ロスや土壌の劣化などによって、今後の需要を支えるだけの供給量がまかなえないことが予測されています。生産者の高齢化が進んで後継者が不足していることなども、それに拍車をかけています。

コートジボワールでは、カカオ農業の収益性が低いため、農家がカカオの生産をやめて、より収益性が高いゴムの生産に移り始めています。地球規模の温暖化や気候変動の影響も懸念されていて、これらさまざまな要因から、将来的にカカオの持続的な調達は危機的な状況にあるのです。アメリカのマース社によると、２０２０年には、約１００万トンのカカオが不足すると予測されています。

原材料を持続的に調達できるかどうかは、企業にとって死活問題です。つまりは、これからも安定してカカオが生産できるかどうかという問題は、チョコレート企業にとって今後もビジネスを続けていけるかどうかに直結する問題なのです。世界をリードする大手チョコレート会社は、将来も続けてビジネスができるよう、必要なカカオの生産量を確保し、安定的に調達できる環境を整えるために、認証ラベルのついたカカオの調達にいまから乗り出しているというわけです。

企業のビジネスと自然環境や原材料の生産者の労働環境を守ることを両立させていくこれらのとりくみは歓迎すべきことです。しかし、個別の企業がそれぞれのとりくみをおこなうだけでは、解決できないようにも思えます。商売のうえでの競争は必要でしょうが、児童労働を含む共通の課題には、業界としてもっと協調して取り組んでもらいたいものです。

チョコレート業界に対するNGOからの警告

児童労働などへの対応が進まない状況に対して、ヨーロッパやアメリカの人権団体やNGOは、チョコレート産業に対する圧力*を強め、大手テレビメディアなどを巻き込みながら、さまざまなキャンペーン*を続けてきました。アメリカのハーシー社を名指ししたキャンペーンでは、つぎの3つのことを求めています。

①農園レベルまで追跡できる調達システムを構築すること

②奴隷労働や児童労働がないことを証明できる農家からカカオを調達すること

③調達業者に対し、カカオを仕入れている農園で児童労働がおこなわれていないか確認すること

さらに、代表的な商品の原料にフェアトレードなどの認証システムに合格したカカオを使うこと、そのような商品を2年ごとに増やすこと、10年以内または2022年までにハーシー社の大部分のチョコレート製品がフェアト

＊チョコレート産業に対する圧力：アメリカの国際労働権利財団（ILRF）は、2008年に「ココア議定書は成功したのか、失敗したのか?」と題した意見書を発表。カカオの生産プロセスに児童労働がないことを証明する認証システムを構築することに対して、チョコレート産業全体のコミットメントが低いことを強く批判。企業が認証マークのついたカカオを使い始めたこと自体は評価しつつも、労働状況の管理など、業界共通の基準がいまだになく、その議論さえもおこなわれていないことを指摘した。

＊キャンペーン：2010年には、フェアトレードに取り組む「グローバル・エクスチェンジ」や、グリーンエコノミーを推奨する「グリーン・アメリカ」などと連携し、「It's time to raise the bar」と題し、アメリカの大手メーカーであるハーシー社を名指ししたキャンペーンを開始した。

レード基準を満たすことを求めています。

また、ヨーロッパを中心とした団体が連携しておこなう「10キャンペーン」では、「ハーキン・エンゲル議定書」から10年が経過したいまも、議定書で約束された6つの項目がどれも達成されていないことを指摘し、企業が取り組まないのであれば、政府が企業行動を規制すべきとして、主につぎの3つの要求を掲げています。

①チョコレートを多く消費する国の政府に対して、トレーサブルな（追跡可能な）カカオの調達ルートを確立し、第三者の監査を法律で定めること

②児童労働に関与したカカオを企業が調達、使用することを法律で規制すること

③児童労働に関与しないカカオのみを買い上げることを条件とすること

このように、欧米では、NGOが企業や国の行動を監視し、適正な活動がおこなわれていない場合は、批判し改善を求めるという緊張関係ができあがっています。また、それらのNGOの活動が効果を発揮できるのも、NGOの活動を市民や国民、消費者が支えているからといえます。ハーシー社へのキャンペーンには、15万人を超える一般消費者や労働組合や宗教団体の関係者、40に上る食品組合や自然食品店が参加したといいます。

その結果、２０１２年3月にハーシー社は、２０２０年までに、調達するカカオを１００％認証つきのものに切り替えることを発表しました。キャンペーンの主催者も「何年もかけて働きかけてきたことが功を奏した」と報告していますが、しっかりと活動を見極めて根気強く向き合っていけば、大きな企業を動かすこともできるのです。国や企業を正しい方向へ向かわせることも、消費者、そして国民であるわたしたちの役割です。

フェアトレードがめざすもの

フェアトレードとは、不公平なルールに基づく国際貿易のなかで、弱い立場に置かれて貧しさを強いられているような開発途上国の生産者たちを、公正な取引をすることを通じて、経済的にも社会的にも自立できるよう支えていく貿易のしくみです。１９４６年、南米プエルトリコの女性たちを支援するために、女性たちがつくった工芸品をアメリカの教会で販売し始めたことがフェアトレードの始まりといわれています。ヨーロッパでは１９６０年代頃にイギリスやオランダで始まったといわれています。*

現在の世界のフェアトレードのとりくみは、大きく3つの種類に分類され

＊『日本のフェアトレード――世界を変える希望の貿易』長坂寿久編著、明石書店、２００８年

ます。

1つ目は、先ほどから紹介している、商品にフェアトレードの認証マークをつけて、フェアトレードの基準に沿った原料の生産や製造工程を経てつくられていることを保証するとりくみ*。

2つ目が、フェアトレードの基準に沿った商売や取引をおこなっている組織や生産者団体自体を認証するとりくみ*。

3つ目が、先の2つのいずれにも属さない、個々の団体が独自の基準を設けて進めているとりくみ。

最初の2つのとりくみについては、それぞれ国際組織があり、国際的な統一基準が設けられています。

とりくみのしかたに少しずつ違いはありますが、めざす方向性は共通しています。

1つ目の側面は、零細な生産者の自立を支えるために公正な価格での取引や、長期的な契約で安定的な取引をおこなうといった経済的側面。

2つ目の側面は、労働者が安全で健康的な条件で働けることや、能力を向上するための訓練をおこなうなどの社会的側面。

3つ目の側面は、農薬などの使用制限や遺伝子組み換えの禁止などの環境

*フェアトレード商品につけられる国際フェアトレード認証ラベル。

*フェアトレード団体を認証するWFTOマーク。認証団体が生産する製品にマークをつけるとりくみも、2014年から始まった。

出所：World Fair Trade Organization（WFTO）

的側面。

児童労働の禁止も社会的な基準として位置づけられています。児童労働を生み出す背景にあるおとなの労働者の問題に対応し、雇用機会を保障するとともに労働環境を守り、適正な賃金が支払われることは、農家の生活保障に直結する重要なことです。児童労働をなくしていくうえで、フェアトレードは効果を発揮します。

国際フェアトレード認証ラベルのしくみ

国際フェアトレード認証ラベルのしくみでは、原材料や商品がフェアトレードであることを認証するための「国際フェアトレード基準」が設けられています。この基準は、26に上る世界各国のフェアトレード推進団体と、アジア・アフリカ・中南米の各地域を代表する生産者団体、認証組織を含むステークホルダーの意見を反映させ、国際フェアトレードラベル機構がつくっています。

基準は、原料となる農産物をつくる生産者用の基準と、原料を取引したり、加工したり、商品につくり上げたりする業者（トレーダー）が守る基準とに

国際フェアトレード基準概要

経済的基準	社会的基準	環境的基準
▶フェアトレード最低価格の保証 ▶フェアトレード・プレミアムの支払い ▶長期的な安定した取引 ▶前払い	▶安全な労働環境 ▶民主的な運営 ▶労働者の人権 ▶地域の社会発展プロジェクト ▶児童労働・強制労働の禁止	▶農薬・薬品の使用に関する規定 ▶土壌・水源の管理 ▶環境にやさしい農業 ▶有機栽培の奨励 ▶遺伝子組み換え（GMO）の禁止

参考ウェブサイト：特定非営利活動法人フェアトレード・ラベル・ジャパン
https://www.fairtrade-jp.org/about_fairtrade/intl_standard.php

分けられ、生産者用の基準も、小規模な生産者向けと大規模なプランテーション用に分かれています。原料の生産過程から、流通、加工までにわたる、商品のサプライチェーン全体において、これらの基準が守られているかどうかを第三者機関がチェックし、問題がないことが確認されると、最終製品に国際フェアトレード認証がつけられるしくみになっています。外部機関によるチェックは定期的におこなわれます。

フェアトレードでもっとも大事なことは、適正な価格で取引することです。カカオなどの国際価格の変動が激しい産品では、市場の動向に生産者が大きく影響を受けます。価格が高い時はよいですが、価格が急激に下がってしまった時が問題です。市場価格が下がりすぎて、生産者の生活が成り立たない水準にまで落ち込まないように、産品ごとに最低価格を設定しています。フェアトレード最低価格より市場価格の方が高い場合には、市場価格が優先されます。つまり最低価格は、生産者のぎりぎりの生活レベルを守るためのセーフティネットになります。＊

通常の取引では、買う側に力があるため、買う側の言い値で売らざるを得なかったり、市場の動向に左右されて価格が安くなりすぎたりすることも起きてしまいます。そういったリスクにも備えて、もっとも立場の弱い生産者

＊最低価格の保障に加えて産品の代金に上乗せして支払われる割増金（プレミアム）もある。これは生産組合に積み立てられて、学校や井戸の建設など、地域コミュニティの発展のために使われる。割増金の使途は組合員の民主的な話し合いによって決められる。

の条件にあわせて価格の最低ラインを設定し、それをベースに取引をおこなうことで、消費者までを含む関係者全体で必要なコストを分担していくしくみと考えてもよいでしょう。

大事なのは、価格の最低ラインを保証するということだけではなく、生産技術のトレーニングなどをおこない、価格に見合うような品質の改善や生産性の向上にも取り組んでいるということです。フェアトレードに認証される基準を守れるようになるためには、それらの基準の中身を理解したうえで、それに見合った生産や事業活動をおこなう必要があります。

たとえば、生産者のなかには、教育を受けた経験がなく読み書きも十分にできないような人たちも多く、自己流のやり方で農薬や肥料を使っていたりしますが、フェアトレードの基準では、自然環境に悪い影響を及ぼさないよう薬品の種類や量を制限されるほか、ごみ（廃棄物）の処理の仕方などに至るまで農園管理にもさまざまなルールが課せられます。これらのルールを一つひとつ理解し、守っていくことは必ずしも簡単なことではありません。そのため、フェアトレードでは生産者が組合という形でグループをつくって技術指導を受けています。内部で定期的にチェックするしくみもつくります。フェアトレードの組合になる以前に、ＮＧＯが支援をおこなったりもしています。

フェアトレードの基準に見合う生産活動ができるようになると、定期的に内部の監査や第三者からのチェックが入ることで、常に改善の努力をすることが求められます。生産者自身が能力を高め、よりよいものをより多く生産することができるようになれば、またフェアトレード価格によって収入が保証されるようになれば、生活や子どもの教育を無理なく支えることができ、児童労働を予防していくことにつながるわけです。

フェアなことがあたりまえの世界をめざして

日本でもフェアトレードが注目を浴びるようになり、個人としても企業としても、何か社会貢献したいという場合の選択肢として、フェアトレードが選ばれるようになってきました。その一方で、「フェアトレードは１００％児童労働がないと言い切れるのか」「フェアトレードにはコストがかかりすぎる」といった批判も聞かれたりします。実際のところはどうなのでしょうか。

２０１０年にイギリスの国営放送ＢＢＣで放送されたドキュメンタリー

があります。「甘いチョコレート、苦い現実」*というタイトルで、日本でも2011年12月に放送されました。コートジボワールのカカオ生産地でカメラを隠して秘密取材をおこなったところ、ブルキナファソから人身取引されてきた子どもたちが農園で働かされていたことが見つかったという内容です。しかも児童労働が見つかったのは、国際フェアトレード認証を受けている生産者組合に出荷している農園だったのです。

このドキュメンタリーでも解説していましたが、フェアトレード認証ラベル自体は、100％基準が守られていることを証明するものではありません。最低価格や環境配慮などを含む基準に則って生産、加工、流通され、基準が守られているかどうかを確かめるために、定期的に内部と第三者によるチェックがおこなわれていることを証明するものです。このようなチェック機能があることで、万一児童労働のような問題が起きても、問題点が改善されるしくみになっているわけです。

フェアトレードなどの認証のしくみは、基準で定めた状態が世界的な標準になることをめざしたものです。つまりは、フェアトレードが特別なことなのではなく、あたりまえになることが究極の目標といえます。しかし、いまの状態ではそれを100％達成することはむずかしいので、そこに少しでも

＊原題：「Bitter Truth」

児童労働をなくすために、よりよいカカオの生産方法を学ぶ農民たち

近づけるようにみんなで努力をしていこうというのが、フェアトレードをはじめとするとりくみなのです。それは絶え間ない努力の積み重ねではじめて成り立つものです。

現在の日本でのフェアトレードの認知度（フェアトレードの意味を知っている人の割合）は25％ほどだそうです。購入している割合はもっと少ないでしょう。じつは、フェアトレードの基準を守ってつくられたカカオの多くが、通常のカカオとして取引されてしまっている現状もあります。生産者や関係者の地道な努力も、それを原料として購入する製造業者や、完成したフェアトレード商品を買い支える消費者がいなければ報われないわけです。

フェアトレードのものを買うことは、アンフェアなしくみのなかで、だれかがしあわせになる代わりにその代償をだれかが支える世界ではなく、経済的にも社会的にも環境的にも調和のとれた経済のあり方を支持するということ、そしてそれに向けて取り組む人びとの努力を支えるということなのです。フェアトレードの目印がなくても、公正な取引がおこなわれているという確信を持って買い物ができるようになる日が来るまで、みんなの応援が必要なのです。

第7章
日本で「児童労働のないチョコレート」ができるまでの道のり

日本の子ども・若者に伝える

２００６年、日本でもカカオの生産現場で子どもたちが働かされていることがフジテレビ*で取り上げられました。その後ＡＣＥにも、学校の先生や生徒からの問い合わせが増えました。当時インドでしかプロジェクトをおこなっていなかったため、直接の情報は持っていませんでした。またインターネットを通じて英語で書かれたレポートを読みましたが、生徒たちの質問に答えられるような情報を手に入れることはできませんでした。

そこで、自分たちの目でたしかめようということになりガーナへ現地調査に行きました。その時わかったことは、5章の最初の方に書いたとおりです。ガーナでの現地調査を経て、子どもたちを守り教育が受けられるようにするための「スマイル・ガーナプロジェクト」が始まりました。

この調査にはもう1つの目的がありました。集めてきた情報を教材としてまとめ、日本の子どもたちが学校の授業などで学べるように提供していくことでした。

こうしてできたのが、ＡＣＥの「おいしいチョコレートの真実」というワー

＊**フジテレビ**：「世界がもし100人の村だったら」第4弾（2006年6月3日放送）で、ガーナのカカオ農園で働く兄弟の様子が取り上げられた。

クショップ教材*です。クイズを通じてチョコレートの豆知識を学んだり、グループワークでガーナのカカオ生産者の家族や日本のチョコレート会社の社長の家族になりきってロールプレイしたり、ＤＶＤで実際にガーナのカカオ生産の様子を観たりすることで、カカオ生産地の子どもを取り巻く地域や家族の状況や、貧富の格差などを学べる内容になっていて、学校の授業などで活用されています。

実際に、授業でこのワークショップを体験した中学生や高校生が街頭募金をしたり、文化祭でフェアトレードのチョコレートの販売会を開いたり、自分たちにできるアクションを起こす事例も増えてきました。

消費者に伝え、支えてもらうために

教材をつくって日本の子どもたちにガーナの子どもたちやカカオ生産者の状況を伝える活動をおこないながら、ガーナで子どもたちを守るプロジェクトをおこなうための準備も同時に進めました。現地へ行って入念な計画と準備をすることはもちろん、何といっても、現地で活動をするための資金集めが必要です。そこで、日本でチョコレートを食べている人たちに、ガーナで

＊**「おいしいチョコレートの真実」**：ワークショップに使うツールやＤＶＤ、ガイドブックをまとめた教材セット。２０１４年１月には続編となる教材「チョコっと世界をのぞいてみよう」を発表。ＡＣＥウェブサイトを参照。

の活動を支えてもらおうということになり開発したのが「しあわせを運ぶてんとう虫チョコ」です。価格の一部に寄付を含めて販売し、お金を積み立ててガーナでの活動に役立てようというものです。

実際に使うチョコレート選びにはいくつかの候補のなかから検討した結果、見た目のかわいさに惹かれて、てんとう虫の形をしたチョコレート*を使うことになりました。てんとう虫は、ヨーロッパでしあわせのシンボルとして愛されていて、「春になっててんとう虫が止まった人のところにしあわせが訪れる」との言い伝えもあります。「チョコレートを食べてしあわせな気分を味わいながら、ガーナの子どもたちにもしあわせを届けてほしい」という想いが込められました。

4粒入りと2粒入りの2種類を用意し、小さなカードを同封してオリジナルのラッピングで販売したところ、２００９年の発売開始から14年の3月までで、累計約6万パックが購入され、約８５０万円の寄付金が集まりました。*この寄付金は、これまでガーナの4つの村での活動に役立てられています。

はじめはボランティアの方々だけでおこなっていたチョコレートの包装は、東日本大震災以降は、被災した岩手県陸前高田市の福祉作業所にお仕事としてお願いするようになりました。

***てんとう虫チョコ**：スイスのマエストラーニ社という老舗《しにせ》の会社で製造されている。使っているカカオは、ボリビアとドミニカ共和国で有機栽培されたもの。カカオ生産者の労働環境にも配慮され、乳化剤などの添加物を使わずに長時間練り上げたこだわりの一品。

しあわせを運ぶ てんとう虫チョコ

*ACEオリジナルパッケージの寄付つきチョコレートは２０１７年10月で販売を終了した。

チョコレートを食べたり、プレゼントとして贈るという身近な行為が、ガーナと日本で助けを必要とする人を支え、さらにそのとりくみを伝えていくことで、支え合いの輪が広がっています。てんとう虫が、たくさんの人にしあわせを運んでくれているのです。

愛のあるチョコレートをもっと広める

わたしたちはガーナの問題に取り組んでいますが、チョコレートに使われるカカオはガーナのものだけではありません。ＡＣＥ以外にも、そのほかの生産地とつながり、フェアなチョコレートをもっと広げていこうとずっと前から取り組んでいる人たちもいました。また、少しずつフェアトレードへの関心が高まっていることを感じていましたが、その認知度が90％を超えるヨーロッパに比べて日本では25％程度と格段の差があるのが現状です。

チョコレート全体に占めるフェアトレードの割合もまだまだ小さく、国際的なカカオ市場においても、フェアトレード認証カカオの取引比率は市場全体の０・１％に満たないほどです。

フェアトレードの認知度を高め、市場を広げていくためには、１つの団体

チョコレートの包装作業をする陸前高田市の福祉作業所の人たち

では力が小さ過ぎるので、同じような想いで取り組んでいる団体同士がもっと力を合わせる必要があると考えました。そこでスタートしたのが「チョコレート・アライアンス*」というＮＧＯと企業の協働の場です。

ピープル・ツリー*、スローウォーターカフェ*、オルター・トレード・ジャパン／ＡＰＬＡ*、フェアトレード・ラベル・ジャパン*、ＡＣＥなどが共同で活動をおこなってきました。

それぞれの団体が取り扱っているチョコレートを少し紹介しましょう。

ピープル・ツリーの板チョコに使われているのは、南米ボリビア産のカカオ、フィリピンとコスタリカ産の砂糖、ブラジル産のカシューナッツなど。いずれも小規模な農民組合が生産したもので、これらのフェアトレードの原材料をスイスの工場でチョコレートに加工しています。乳化剤や植物性油脂も使わずに職人技でていねいにつくられています。

スローウォーターカフェは、南米エクアドルの森で森林農法を使って育てられたカカオを使って、現地でチョコレートの製造までをおこなっています。トウガラシや岩塩、カカオニブなどが入った板チョコのほか、かわいい小箱などにパッケージされた粒型のチョコレートもあり、ギフトにもぴったりです。このチョコレートを買うことで、自然とともに生きるエクアドルの人た

＊チョコレート・アライアンス：２０１０年に設立し、２０１８年まで活動。その後も各団体はつながりあって活動している。

＊ピープル・ツリー：チョコレートのほか、衣類・雑貨など手仕事を活かしたフェアトレード製品を企画・販売。
https://www.peopletree.co.jp/index.html

＊スローウォーターカフェ：エクアドルでカカオの栽培からチョコレートの製造までを手がけるフェアトレード企業。
http://www.slowwatercafe.com/

＊オルター・トレード・ジャパン／ＡＰＬＡ：インドネシア・パプア州のカカオを使ったチョコレートを発売。
https://altertrade.jp/

＊フェアトレード・ラベル・ジャパン：日本の国際フェアトレード認証ラベル認証組織。
https://www.fairtrade-jp.org/

ちの暮らしと森を守ることができます。

オルター・トレード・ジャパン／ＡＰＬＡは、インドネシアのパプア州で生産されたカカオの民衆交易に取り組み、２０１３年に、「チョコラ デ パプア」の販売を開始しました。オランダによる植民地支配の歴史やインドネシアからの人口流入、近年の天然資源をめぐる開発などによって、権利を侵害されてきた先住民族の自立を支えるチョコレートです。

フェアトレード・ラベル・ジャパンが国際基準に従って認証している、国際フェアトレード認証のチョコレートも種類が増えました。有機栽培の紅茶を扱うリタトレーディングが販売しているミトラチョコ、わかちあいプロジェクトが販売するガーナのフェアトレードカカオでつくられたＤｉｖｉｎｅチョコレートなど。イオンのプライベートブランドや森永製菓も、国際フェアトレード認証のチョコレートを開発、販売しています。＊

チョコレート・アライアンスでは、チョコレートの背景にさまざまな問題があるのは、生産地の自然や人びとに対する愛が足りないからと考え、チョコレートのあるべき姿を「愛のチョコレート宣言」にまとめました。この宣言を発信して賛同者を増やすことで、「愛のあるチョコレート」の考え方や市場を広げることをめざしています。

＊**森永製菓もフェアトレードチョコレートを販売**：ACEの活動地域で収穫された国際フェアトレード認証カカオを使用したチョコレートを2013～17年に販売（一部期間限定）。詳細は119～121ページを参照。

長野日報
フェアトレードのチョコ贈ろう
バレンタインデー
生態系守り児童労働防ぐ

バレンタインデーにあわせて、フェアトレードのチョコレートが紹介された新聞記事（2014年1月27日、長野日報掲載：時事通信配信）

愛のチョコレート宣言　by チョコレート・アライアンス

チョコレートがわたしたち消費者の手元に届くまでには、その原料となる作物の栽培から加工などを含む長いプロセスがあり、世界中のさまざまな場所で多くの人びとの仕事や暮らしにかかわっています。とくにカカオ豆や砂糖などの原材料をつくる国ぐにでは、子どもが学校に行けずに働く児童労働や貧困、森林の減少や生物多様性の危機など、生産にまつわるさまざまな問題があります。愛を届けるはずのチョコレートに、愛が足りていないのです。わたしたちは、チョコレートを通じてそれらの問題を解決し、食べる人も、つくる人も、みんなが笑顔になる、愛のチョコレートを増やしていくことをここに誓います。

1. つくる人の暮らしを支える
わたしたちは、公正な対価を支払い、顔のみえる継続的な取引関係を築くことで、カカオ豆や砂糖などの原材料やチョコレートをつくる人びとの暮らしやコミュニティを支えます。

2. 自然にやさしい
わたしたちは、カカオなどの原材料の栽培において、貴重な原生林や水源を壊したり、有害な農薬や大規模な伐採などが大地のゆたかさを損なうことのないよう、地域の生態系を守りながらの生産を応援します。

3. つくる人にも食べる人にも安心
わたしたちは、つくり手の健康に有害な農薬や化学肥料、安全性が証明されていない遺伝子組換えの原料や合成添加物を極力使用せず、食べる人にもつくる人にも安全でおいしいチョコレートを選びます。

4. 子どもを大切にする
わたしたちは、カカオなどの原料の栽培において子どもが危ない労働を強いられることのないよう、農家の暮らしを支え、子どもが学校に行けることをチョコレートで応援します。

5. 未来につながる
わたしたちは、チョコレートでつながるすべての人と人、人と自然の関係がより良い未来につながるよう、フェアトレード／有機栽培／森林農法／無添加などのチョコレートを応援します。

知ることから、つぎの一歩を踏み出す

教材を通じて児童労働の現状を伝え、フェアトレードのチョコレートを広げていくなかで感じたことは、とくに若い人たちの間で社会貢献や国際協力への関心が高まっているということでした。ACEも活動を始めた時はたったの5人でしたが、そこから輪が広がり、インドとガーナで1000人以上の子どもたちを児童労働から救い、教育を実現することができました。はじめの一歩を踏み出すことがなければ成し得なかったことです。

何かをしたいという想いを持っている若い人たちが日本のあちこちでアクションを起こすようになれば、もっと社会を大きく動かすことができると考え、2011年11月に1泊2日の合宿セミナー「ACEユースアカデミー」をおこないました。全国から23人の高校生と大学生が東京に集結し、児童労働や子どもの権利について知識を深め、アクションを起こしていくためのノウハウを学びました。

この合宿は、「ユースがつなぐ、日本とガーナプロジェクト」の一環でもありました。合宿の参加者のなかから代表者を3名選んでガーナへ派遣し、

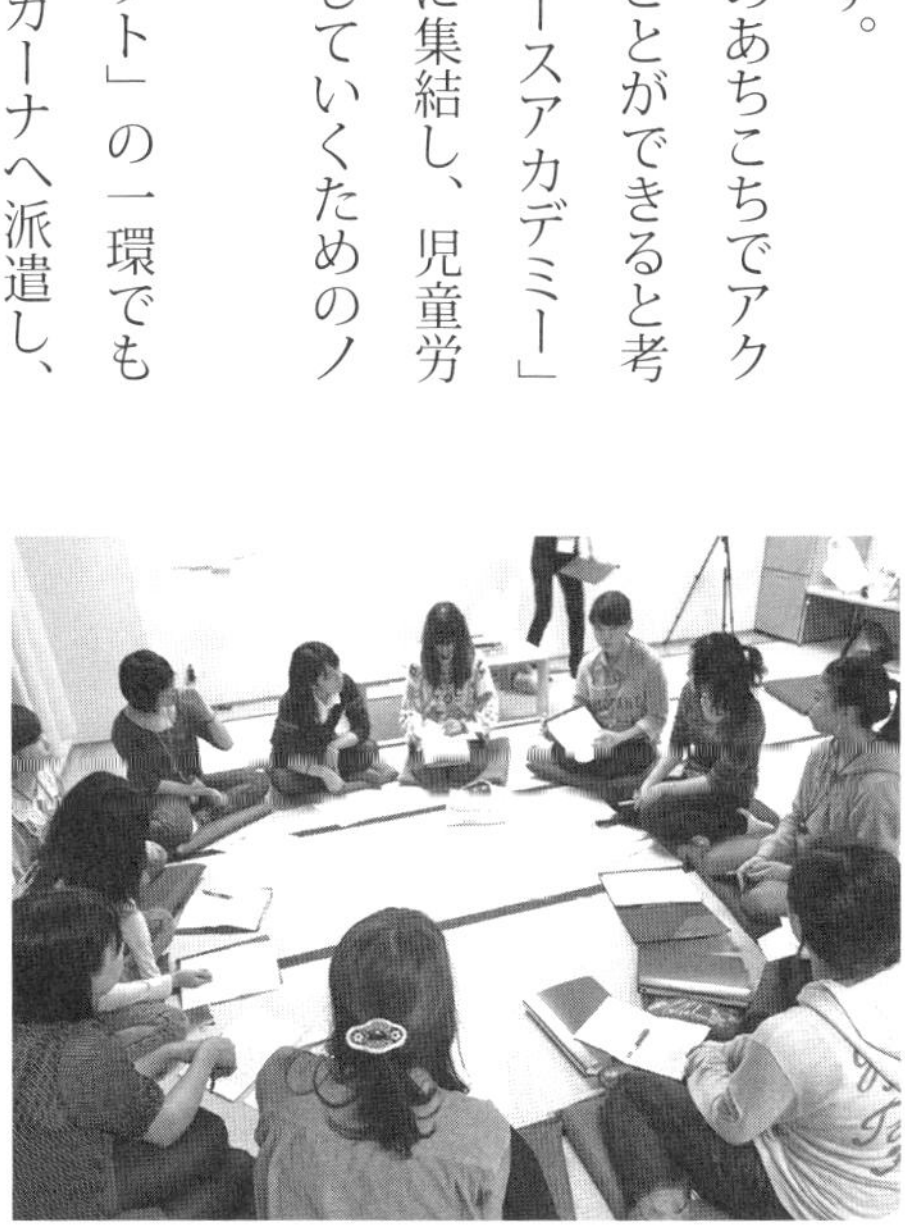

「ACEユースアカデミー」に参加し、ディスカッションする高校生と大学生

現地を訪問した若者が、よりリアリティを持って世界の現実を肌で感じ、帰国後には自分の目で見て感じたことを日本で発信していくという計画です。

この合宿で選ばれた代表者3人が、当時高校3年生の志賀アリカさんと梅田麻穂さん、大学2年生の藤田琴子さんです。3人は合宿に参加した仲間たちの代表として、2012年1月にガーナを訪ねました。ACEがプロジェクトをおこなう村を訪ね、カカオ農園で児童労働をしていたゴッドフレッドくんから話を聞いたり、カカオの農作業を体験したり、村の学校を訪ねたりしました。児童労働の現実や学校の厳しい現状を目の当たりにすると同時に、それでも村の子どもたちが真剣に学び夢を語る姿を見て、3人は圧倒されました。ゆたかさとは何なのか、しあわせとはどういうことか、自分たちには何ができるのか、悩むばかりで答えはなかなか見つかりません。

帰国後も悩んだ末、「バレンタインデーに大切な人に贈るチョコレートはフェアトレードのチョコレートにしよう！」と呼びかけ、みんなで一斉にお店に買いに押しかけるというイベントを企画しました。

その名も「バレンタイン一揆」。バレンタイン直前の日曜日、東京のほか、仙台でも同じ日に実行されました。福岡、大分でもそれぞれに企画した活動が実行され、「若者が学び合い、地域で行動を起こす」というシナリオが現

ガーナを訪ねる「ACEユースアカデミー」代表の3人とゴッドフレッドくん

実となったのです。

代表者３人のガーナ訪問とその後の東京での活動の様子は、ドキュメンタリー映画『バレンタイン一揆』としてまとめられました。多くのソーシャルアクションを手掛けてきたコピーライターの並河進さんに、こういったとりくみがメディアに取り上げられるためにはどうしたらよいか相談したところ、出てきたアイデアでした。急に飛び出したアイデアがまさか実現するとは思いませんでしたが、監督の吉村瞳さんや映像製作会社の方がた、音楽やアニメーションの制作をボランティアで引き受けてくれたプロの方がたのご協力のおかげで、構想から1年足らずで映画『バレンタイン一揆』は完成しました。

映画は、２０１３年1月に、渋谷の映画館「アップリンク」でロードショーされたのを皮切りに、全国各地で自主上映会が開催され、２０１５年12月までに40都道府県と韓国で２００回以上の上映会が開催され、１万人以上が鑑賞しました。普段はあまりＮＧＯの活動や世界の問題について関心を持たないような人たちにとって、映画を通じて児童労働やフェアトレードを知るきっかけになりました。

映画「バレンタイン一揆」の1シーン

チョコレートの企業がカカオの国の子どもを支援する

児童労働の解決にもつながるフェアトレードのチョコレートを広めるとりくみは進んでいましたが、日本の大手の菓子会社の事例はまだありませんでした。チョコレート会社が児童労働の問題を知り、その解決に乗り出すようにならなければ、問題は全体として解決する方向に向かっていきません。

森永製菓は、「おいしく、たのしく、すこやかに」をビジョンに掲げ、創業当初から「お菓子で子どもたちをしあわせにすること」を追求してきた会社で、1918(大正7)年に日本初のカカオ豆からのチョコレート一貫製造による国産ミルクチョコレートを販売した会社でもあります(当時の社名は森永商店)。

森永製菓は、板チョコレートの販売から90周年を記念した2008年から「1チョコ for 1スマイル」キャンペーンという、売上に応じて寄付を積み立てる社会貢献プログラム*を実施し、チョコレートの売上の一部をNGO団体に寄付して、途上国の子どもたちの教育支援をおこなっていました。

ある方の紹介で寄付先の1つにACEも加えてもらえないかと相談しまし

＊売上に応じて寄付を積み立てる社会貢献プログラム：コーズリレイテッドマーケティング(CRM：Cause-Related Marketing)。収益の一部がNPOなどへの寄付を通じて、社会的課題のために役立てられるマーケティング活動のこと。企業による献金、物の贈与などの見返りを期待しない慈善活動とは違い、同時にマーケティング効果が得られることが特徴(『ソーシャル・プロダクト・マーケティング――社会に良い。信頼されるブランドをつくる3つの方法』野村尚克／中島佳織／デルフィス・エシカル・プロジェクト著、産業能率大学出版部、2014年)。

たが、そもそもチョコレートの会社にとっては、カカオの児童労働の問題は難しい課題でもあり、ACEと連携するということは、児童労働の問題を公に認めることにもなるため、そんなに簡単なことではありませんでした。しかし、ガーナでのとりくみの実績や、子どもやカカオ農家の現状、何よりもチョコレートの会社がカカオの児童労働問題に取り組むことの意義などを何度も説明し、交渉した結果、2011年から「スマイル・ガーナプロジェクト」の活動を支援してもらえることになりました。

2012年からの「1チョコ for 1スマイル」キャンペーンは、日本でチョコレートにもっとも注目が集まる1~2月が特別月間＊として設定されるようになりました。その期間に売れた対象商品1箱の売上につき1円が寄付として積み立てられ、プランジャパンとACEの2つの団体を通じて、カカオ生産地の子どもたちの教育や生活改善のために役立てられています。

この支援が受けられるようになったことで、ACEはプロジェクトの活動をさらに3つの村へと拡大することができました。森永製菓のチョコレートのパッケージには、ACEのロゴとガーナの村の子どもの写真も掲載されるようになり、より多くの人たちに活動を知ってもらえるようにもなりました。これだけでも大きな変化ですが、もう1つ実現したいことがありました。A

＊特別月間に関する最新情報は、森永製菓「1チョコ for 1スマイル」のウェブサイトを参照のこと

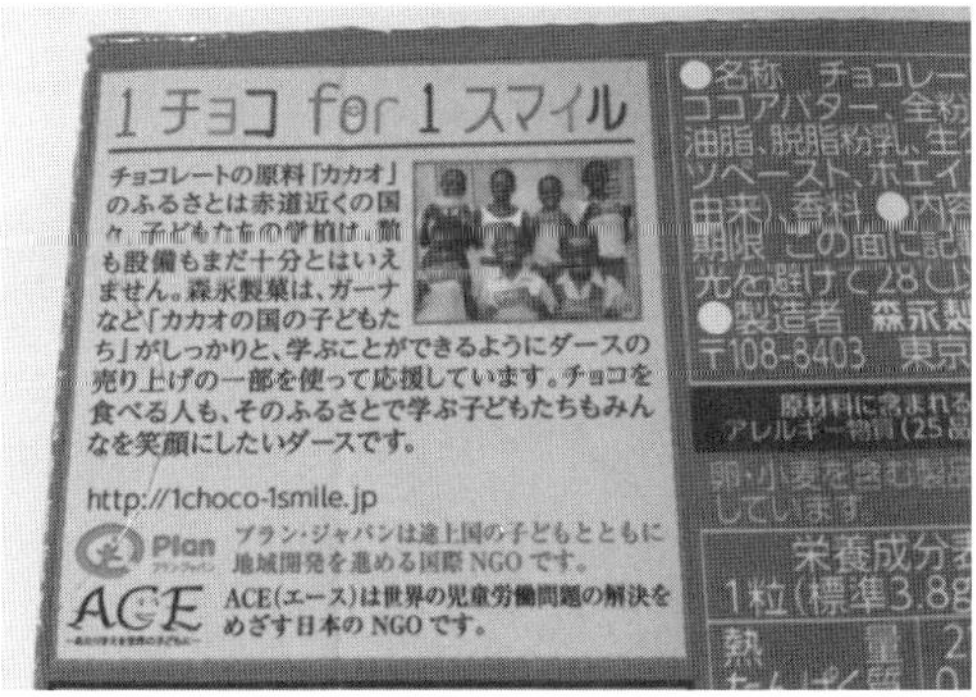

森永製菓のチョコレートダースのパッケージ裏面

CEが活動する地域で採れたカカオを使って、児童労働のないチョコレートをつくることです。しかし、これもそんなに簡単なことではありませんでした。

フェアトレードチョコレートが日本でも広まる

ガーナのカカオの流通のしくみは政府がかなり厳しく管理していて、地域を指定してカカオを買いつけるという前例がなかったため、ACEが活動している地域のカカオを調達するためには、その入手ルートを確保する必要がありました。必要な量のカカオを確保できるのか、品質は大丈夫なのか、必要な時期までに輸入することができるのか、ほかの地域で収穫されたカカオと本当に混ざらないのかなど、課題はいくつもありました。価格面の心配もありました。特別な方法で調達するため、原料調達のコストが上がり、その分チョコレートの価格も上がる可能性があるため、どんな商品ならお客さんに買ってもらえるのか、森永製菓の担当者は頭を悩ませました。ACEは現地で、カカオ農家や村でカカオを買いつけている担当者の人たちに、カカオの生産過程で児童労働がおこなわれないよう徹底することを何度も説明しました。

さまざまな課題はありましたが、カカオの調達に協力してくれる商社も見つかり、森永製菓の社内で何度も会議が開かれ議論された結果、ついに支援地域のカカオを使ったチョコレートがつくられることになりました。

２０１２年12月末から数量限定で発売されたダース〈ミルク〉と、バレンタインデーの特別商品として２０１３年１月に期間限定で発売された、森永チョコレート〈１チョコ for １スマイル〉が最初の商品です。

この２つの商品にガーナの村で大切に育てられたカカオが使われたのです！　とくに、主力商品のダース〈ミルク〉にこのカカオが使われたことは画期的でした。「お客さんがダース〈ミルク〉を中心とした対象商品を買うことで、その売上の一部が寄付となってガーナでの活動に活用され、これによって、ガーナのカカオ農家が技術を学び、子どもも学校に行けるようになる。そしてその支援を受けて栽培されたカカオが、今度はチョコレートに生まれ変わって、お客さんのもとに届く」という１つの循環が生まれたのです。チョコレートを通じた支援（寄付）が、「児童労働のないカカオでできたチョコレート」という目に見える形でお客さんのもとに戻ってくるというわけです。

このとりくみはさらに進化し、２０１４年１月には、ついに大手チョコレー

２０１３年と14年に販売された、ガーナの支援地域で採れたカカオを使用したチョコレート。右上が国際フェアトレード認証を受けたチョコレート

トメーカーでは日本初、アジアでもはじめてとなる、国際フェアトレード認証チョコレートが誕生しました。ＡＣＥが児童労働をなくす活動をおこなう村で採れたフェアトレードのカカオからできたカカオマスを１００％使ったチョコレートです。パッケージには、農民トレーニングに参加してきたガーナの村のカカオ農家の人たちの笑顔が並び、その横にはフェアトレードラベルがついています。箱の内側には、現地の活動についてもしっかりと説明が書いてあります。

このチョコレートは、コンビニやスーパーの棚にも並びました。「フェアトレードのチョコレートを買いたいけど近くのスーパーで売っていなかった」という小学生からの感想をもらったこともあり、気軽に買える場所に並ぶことで、より多くの人にフェアトレードのチョコレートが手に届き、村のカカオを味わってもらえることが何よりもうれしいことでした。

森永製菓によって完成した「支援地域のカカオを使った児童労働のないチョコレート」は、ガーナでカカオをつくっている村の人たちにも届けられました。この村の人たちは、カカオはつくってもチョコレートは食べることのない人たちがほとんどです。カカオ農家の人たちはもちろん、村長も学校の先生も、郡の知事も興味津々です。子どもたちは恥ずかしそうにしていま

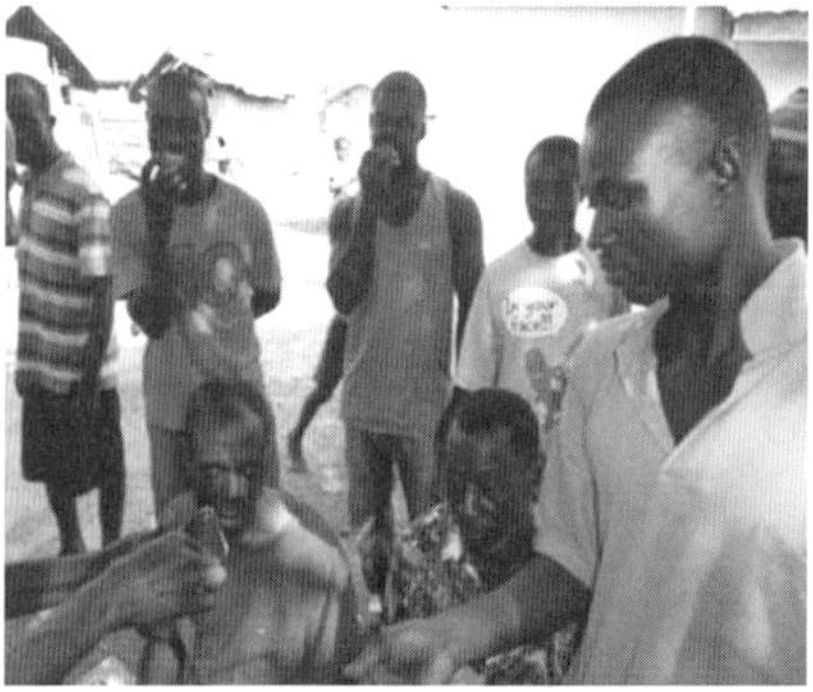

自分たちが育てたカカオでできたチョコレートを食べるカカオ農家の人びと

したが、そのおいしさをどう表現してよいかわからないだけだったに違いありません。

カカオ農家の人たちは、「これからももっとおいしいカカオをつくって日本の人たちに食べてほしい」と言いました。日本でチョコレートを食べる人たちとのつながりが見えるようになったことで、カカオをつくる仕事に、誇りや自信を持つようになりました。

２０１５年１月には、商品が一新され、フェアトレードマークがついたチョコレートが通年で販売されるようになりました。

子ども・学生の声が、社会を動かす

ガーナの村で採れたカカオを使ったチョコレートが発売されると、これまで応援してきてくれた方がたから、たくさんのメッセージが届きました。学校などの講演の場でも話をすると、学校の先生や子どもたちも喜んで、「チョコレートを買うことだったら自分にもできるので、こういう商品ができてうれしい、買い続けたい」と感想を書いてくれる子どもたちもたくさんいました。

２０１５年１月から通年販売となった森永ミルクチョコレート〈１チョコ　ｆｏｒ　１スマイル〉

＊２０１７年に販売を休止。２０１９年に「支援地域のカカオ」を使った新商品を発表。最新情報は、森永製菓「１チョコ　ｆｏｒ　１スマイル」ウェブサイトを参照。

しかし、こういった声が森永製菓に直接届いているわけではありませんでした。通常、商品に何か問題があった場合には、クレームという形でたくさんの批判的な声が届けられることはあっても、その逆はあまりないのではないでしょうか。

２０１３年はじめてガーナの支援地のカカオでできたチョコレートが発売された時、このようなお客さんの喜びの反応と感謝の気持ちを森永製菓に届けるため、社長さんに会いに行くことにしました。過去に講演に行った学校にも協力をお願いし、日本の子どもたちからのメッセージも送ってもらいました。２月に、そのメッセージを携えて、森永製菓の矢田社長（当時）に会いに行きました。東京練馬区の中学３年生３人と社会科の先生、大学生のサポートメンバーも一緒に向かいました。「１チョコ for １スマイル」への共感や感謝の気持ちを伝えたうえで、「支援地区のカカオを使った商品を継続して欲しい」との要望を伝えたところ、矢田社長は「値段が高くてもそういうチョコレートを買いたいという人はまだ限られているが、実現しようと思うことが重要で継続して応援できるよう当社も努力していきたい」と前向きに話してくれました。

この時の対話が、翌年フェアトレードのチョコレートができるひと押しに

小学6年生からのメッセージ

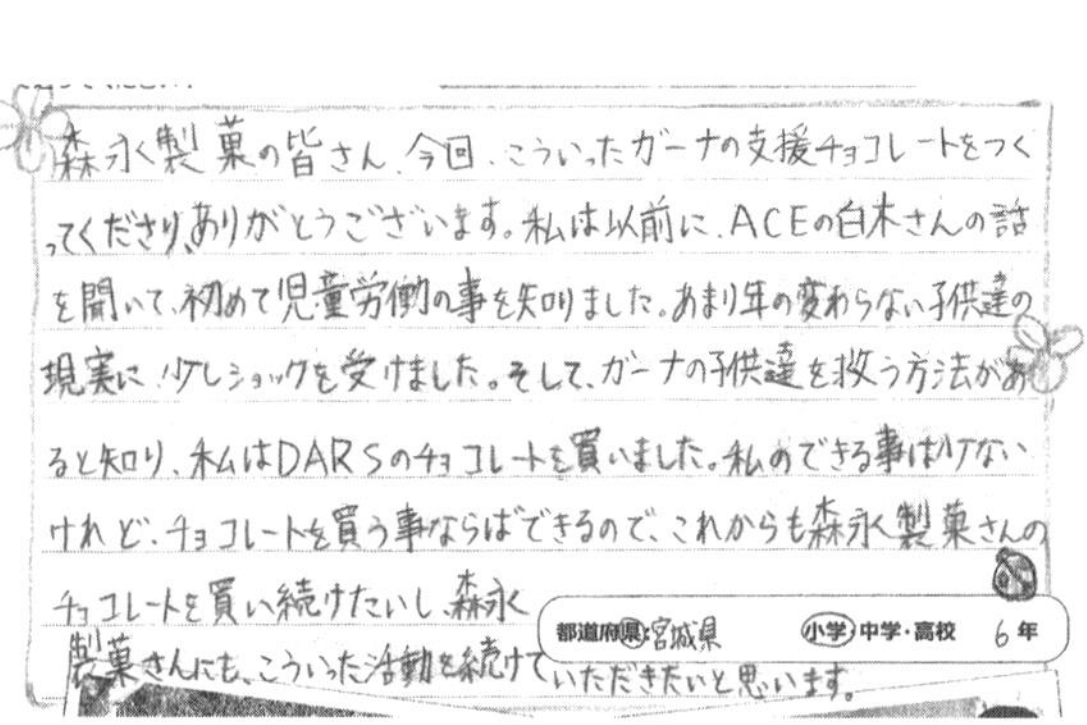
森永製菓の皆さん、今回、こういったガーナの支援チョコレートをつくってくださり、ありがとうございます。私は以前に、ACEの白木さんの話を聞いて、初めて児童労働の事を知りました。あまり年の変わらない子供達の現実に、少しショックを受けました。そして、ガーナの子供達を救う方法があると知り、私はDARSのチョコレートを買いました。私のできる事は少ないけれど、チョコレートを買う事ならばできるので、これからも森永製菓さんのチョコレートを買い続けたいし、森永製菓さんにも、こういった活動を続けていただきたいと思います。

都道府県 宮城県　小学・中学・高校　6年

なったと信じています。消費者である子どもたちと企業の社長が直接話をすることはめったにないかもしれませんが、おたがいによりよい社会を見据えて対話することができれば、もっと社会のためになる商品やサービスを生み出すことができるはずだと思います。そのために、消費者が社会のニーズを直接の声として、もっと積極的に企業に届けていくことが大切です。

また、２０１４年のバレンタインには、フェアトレードのチョコレートをもっと日本全国に広げていこうという「バレンタイン一揆２０１４」もおこなわれました。フェアトレードの推進に取り組む学生団体の全国組織「フェアトレード推進学生ネットワーク（ＦＴＳＮ）*」と、ＡＣＥの学生チームＰｅＡＣＥとＡＣＥが共同で実行委員会をつくり、全国に参加を呼びかけました。映画『バレンタイン一揆』を見て、「つぎは自分たちの番だ！」と集まってくれた学生もいました。

フェアトレードの商品が購入できるのは東京や都市部だけで、「地方では買いたくても買えない」「どこに売っているかわからない」という声もよく聞かれるため、フェアトレードチョコレートの商品や全国の販売店の情報を集約し、特設ウェブサイトで発信しました*。また各地域に散らばっている、フェアトレードに賛同する人をつなぎ、仲間を増やしていくことを考え、47

***フェアトレード推進学生ネットワーク（FTSN）**：北海道、関東、関西、北陸、九州に支部がある。

*「バレンタイン一揆２０１４」ウェブサイト　https://acejapan.org/valentine/

都道府県に「バレンタイン一揆」のPR大使を見つけ、ウェブサイトに写真とメッセージを掲載しました。なかには小学校4年生の大使もいて、FTSNや大学生のネットワークですべての都道府県がつながりました。

PR大使の増加によって、各地での自主的な活動も広がりました。金沢大学ではフェアトレードサークルの学生が、大学生協と協力してフェアトレードチョコレートを買いに行くイベントを実施し、南は沖縄、九州から、北は仙台まで、14の都府県で学生主導によりさまざまな活動がおこなわれました。

東京でおこなったPRイベントの様子は、毎日新聞にも取り上げられました。新聞に掲載された翌日からチョコレートの売り上げが伸び、販売期間終了前にフェアトレードのチョコレートが完売になりました。

チョコレートの裏側に児童労働やさまざまな社会問題が隠れていることを、またこれらの問題を解決しようとしているチョコレートがあることを知らない人は、まだたくさんいると思います。このように、学生のアイデアやフットワークの軽さで、消費者の側にどんどん伝え、巻き込んでいくことは、社会を動かしていくためにとても有効です。

チョコ通じフェアトレード訴え

学生ら「バレンタイン一揆」

「バレンタイン一揆」のキャンペーンに参加する学生ら＝新宿区の新宿マルイ本館前で

14日のバレンタインデーに向け、チョコレートを通じてフェアトレード（公正貿易）の普及活動を推進する学生らが8日、新宿の繁華街で「バレンタイン一揆」のキャンペーンを展開した。

キャンペーンは、世界有数のカカオの産地、アフリカ・ガーナの現状を追ったドキュメンタリー映画「バレンタイン一揆」（吉村瑞穂監督、昨年公開）にちなんで名づけられた。児童労働の撲滅に取り組むNPO法人「ACE」（台東区）と「フェアトレード学生ネットワーク」（FTSN）のメンバーが中心となり、購入したフェアトレード・チョコの写真をツイッターやフェイスブックに投稿するよう呼び掛けている。

この日は雪が降る中、学生たちはハート形のプラカードを掲げてPR。参加したFTSN代表の[illegible]日奈子さん（20）＝同志社大2年＝は「カカオの生産者に思いをはせてチョコを選んでほしい」と話した。

9日も新宿マルイ本館地下のイベントスペースで商品のデモンストレーションを実施する。11日は武蔵野市の吉祥寺に繰り出し、NPO法人「オックスファム・ジャパン」運営のチャリティーショップなどで訴える。【[illegible]】

新宿

カカオ生産者に思いはせ

毎日新聞の記事（2014年2月9日掲載）

第8章
わたしたちにできること

人の暮らしや自然を守るチョコレートを選ぼう

チョコレートの背景にさまざまな課題が隠れていたことを知ったら、もうチョコレートなんて食べない方がいいと思う人がいるかもしれません。たしかにそれも選択肢の1つですが、わたしたちがチョコレートを食べるのをやめただけで問題が解決するわけはありません。

チョコレートを通じて、わたしたちがその問題とつながっているのだとすれば、問題を解決の方向へ導くこともできます。それには、あなたがどんなチョコレートを選ぶかが大切になってきます。選択肢の1つが、「愛のあるチョコレート」を選ぶこと。つまりは、チョコレートができるまでの過程で人びとの暮らしや自然環境を犠牲にすることなく、これから先の将来もよりよい方向に向かっていくことをサポートするようなチョコレートを選ぶことです*。

「まちチョコ*」ということばを聞いたことがあるでしょうか？　フェアトレードを広めるために活動する一橋大学の学生団体ラポンテが、まちづくりの一環で始めた活動です。市民からチョコレートのパッケージデザインを募

＊110〜111ページで紹介したチョコレートなど。「バレンタイン一揆2014」のウェブサイトでは、日本で販売されているフェアトレードチョコレートとお店の情報を掲載している（期間限定の店舗も含む）。https://acejapan.org/valentine/

＊まちチョコ：https://machichoco.jimdofree.com/

集し、学生がアレンジして、地域（まち）ごとにオリジナルのフェアトレードチョコレート「まちチョコ」をつくり、その地域で広めることでフェアトレードを身近に感じてもらおうというとりくみです。

２００７年に東京の国立市で始まったこの活動は、いまでは関東、関西、九州の20以上の大学が参加し、「まちチョコでフェアトレードを日本中に広める」というネットワークができました。学生と地域が一体となった、まちおこしにもつながるすてきな活動です。あなたのまちで、「まちチョコ」を広げていくこともできるのではないでしょうか。

森永製菓の「1チョコ for 1スマイル」キャンペーンのようなチョコレートを買うのも選択肢の1つです。コーズリレーテッドマーケティング（CRM＊）と呼ばれる、製品の売り上げによって得た利益の一部を寄付することで社会課題の解決に貢献する方法です。

1箱当たりの貢献は1円という小さな寄付であっても、知名度や販売力のある大きな企業が呼びかけることで、たくさんの購入につながり、大きな貢献につながります。キャンペーン対象商品もスーパーやコンビニなどで手軽に売られているものなので、どこでもだれでも簡単に参加することができます。企業の広告宣伝に過ぎないと批判する人もいますが、企業が消費者の社

＊**CRM**：Cause Related Marketingの略称。116ページ脚注参照。

会貢献への参加の機会を広げていることなどのメリットがあります。

このような応援になる商品は、＊飲料水やトイレットペーパーなどさまざまな商品でも盛んになってきました。身近に販売されている商品を探して購入することは、だれにでもできる支援の1つです。

映画や絵本を通じて知ろう、伝えよう！

社会を動かしていくためには行動を起こすことが必要ですが、そのための第一歩は、現状を知り、よく理解することです。

日本に暮らすわたしたちが、実際にガーナに足を運ぶことは難しいですが、ドキュメンタリー映画『バレンタイン一揆』＊を通して疑似体験することはできます。映画を観て感じたこと、疑問に思ったこと、もっと知りたいこと、たくさんの感情や想いを共有することで対話も生まれます。その対話のなかから、その先に何をしたらよいか、何をすべきかが見えてくるのではないでしょうか。

映画は自主上映という形で、だれでもどこでも上映して、観ることができます。小学生の子どもでも理解でき、おとなが見ても新鮮な映画です。まず

＊応援になる商品：ボルヴィックの「1L for 10L」、ネピア「千のトイレプロジェクト」など。

＊映画『バレンタイン一揆』：115ページ参照。公式ウェブサイト
https://acejapan.org/campaign/15th/

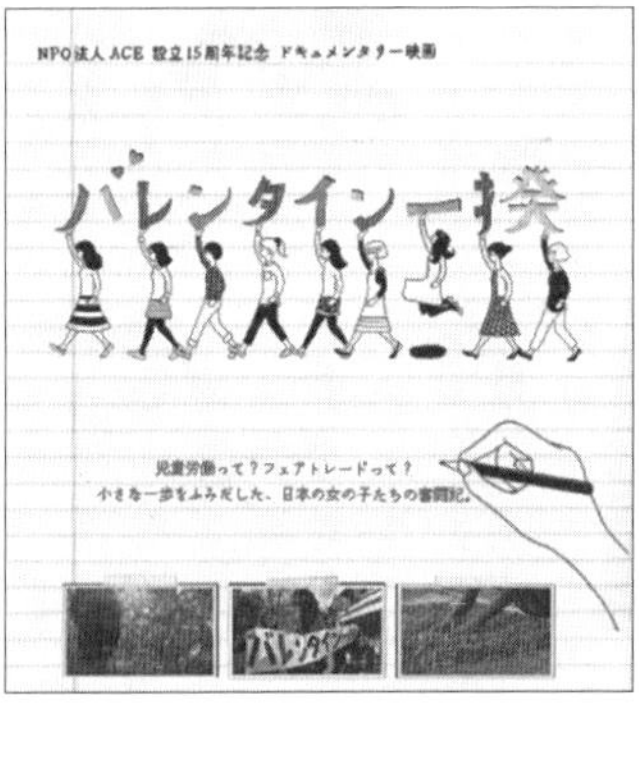

は映画を観て実態を知る、そして自分には何ができるかを1人でも多くの人が考える、そのためのきっかけづくりとして、地域で映画上映会を実施するというのも、できることの1つです。＊

児童労働について考えることができる詩もあります。日本を代表する詩人の谷川俊太郎さんが書いた「そのこ」＊で、絵本にもなっています。詩は、遠く離れた国にいる「そのこ」と、日本にいる「ぼく」の日常が対比して描かれ、絵本ではガーナのカカオ生産地域の村や、そこで働く子どもがモチーフに描かれています。最後はこんな問いかけで締めくくられています。

「そのこのみらいのためになにができるか　だれかぼくにおしえてほしい」

日本に暮らすわたしたちにまずできることは、世界のどこかで働かされている「そのこ」のことを知って、何ができるか一緒に考えること。そのことをたくさんの人たちに伝えることなのではないでしょうか。

学校や子どもでもできること

知ることのつぎには実際にできることを行動に移していくことも大切です。ACEが開発したワークショップ「おいしいチョコレートの真実」では、

＊2016年2月に映画『バレンタイン一揆』の学校教育用のDVDが完成した。

＊**絵本『そのこ』**：詩―谷川俊太郎、絵―塚本やすし、晶文社、2011年　YouTubeからアニメーションも見ることができる。http://acejapan.org/childlabour/materials/sonoko/

「ワークショップの参加者自身が、自分に何ができるかを考え、行動を起こすこと」をねらいとしていますが、三重県のある中学校の家庭科の先生は、2008年から授業にこのワークショップを取り入れ、毎年生徒たちと一緒に独自のアクションを実践しています。

たとえば、観光名所の近くで生徒たちが街頭募金をおこなう、生徒たちがつくった児童労働を伝える詞に知り合いの作曲家に曲をつけてもらってCDを自主制作する、市長さんと面会して「伊勢市をフェアトレードタウンにしてほしい」と要望を伝えるなど、活動は多岐にわたります。

2013年には、カカオ生産地で働く少年を主人公にした絵本『月のきずな』（ACE発行）を紙芝居にして、近隣の小学校の子どもたちへ読み聞かせをし、児童労働の現状を伝えてくれました。子どもから子どもへ伝えることは、中学生だからこそできるとてもすてきな活動です。

東京都練馬区の開進第三中学校では、2年生の学年全体の講演会でカカオ生産地の児童労働問題について学んだ後、映画『バレンタイン一揆』の上映会を全校でおこないました。その後各クラスで調べ学習をおこない、学習の成果を廊下に掲示して発表しました。ACEからの要望に応える形で、生徒たちが森永製菓へのメッセージを書き、それもあわせて掲示しました。また、

街頭募金をおこなう中学生

代表者3名が森永製菓の社長との面会にも参加して、学校で実践してきたことや社長へのメッセージを直接伝えました。

学んだことや自分が考えたことについて多くの人びとに伝える方法もあります。新聞の投書欄に投書することです。2013年の11月から翌年の2月にかけて、3人の高校生が、チョコレートと児童労働やフェアトレードのことについて投書をしていました。新聞でこの投書を読んだ人がはじめて知り、考えるきっかけにもなりますし、同じような意見が増えることで、関心が高いことを示すことができます。

このように、学校での学びを学校だけにとどめるのではなく、社会とのつながりのなかで活かしていくことができれば、子どもたちにとっても、周りのおとなたちにとってもより大きな学びへとつながります。

消費者の声を届けて、企業を動かそう

2010年、イオンが日本の企業としてはじめて、「トップバリュ」というプライベートブランドで、国際フェアトレード認証マークがついたチョコレートを販売しました。じつはこのきっかけとなったのは、お客様センター

に届けられた問い合わせだったといいます。「児童労働があることを知ってショックを受けた。フェアトレードのチョコレートをつくってほしい」このメッセージを受け、大学生と共同でフェアトレードのチョコレートを開発したそうです。

以前イギリスで、フェアトレードチョコレートが広がった経緯についてNGOの人に話を聞いたことがありますが、イギリスではNGOなどが呼びかけて、消費者が大手スーパーマーケットチェーンに「フェアトレードのチョコレートを置いてほしい」と求めるキャンペーンを実施したことが影響を与えたそうです。いまではイギリスのスーパーマーケットの棚に並んでいるチョコレートのほとんどがフェアトレードなどの国際的な認証マークをつけたものになっています。消費者の声や行動は、企業に大きな影響を与えることができるのです。

「チョコレートをつくる時には児童労働や環境破壊に加担しない原材料を使ってほしい」「お店にフェアトレードのチョコレートを置いてほしい」などの要望があれば、率直に自分の言葉でそれを伝えてみましょう。「チョコレートが大好き」という想いや、お店や企業への愛情、感謝の気持ちを添えれば、前向きな提案であることは理解してもらえるはずです。届いた意見が少数の場合、はじめは取るに足らないものとして扱われてしまうかもしれませんが、同じような意見が増えれば、企業も無視できなくなるでしょう。「アラブの春」*といわれた民衆の革命がツイッターなどのソーシャルメディアから起こったように、ツイッターやＦａｃｅｂｏｏｋなどを使って協力を呼びかけることもできるでしょう。小さなアクションをみんなで積み重ねていくことで、大きな企業をも動かすことができます。一人ひとりの力は小さくても無力ではないのです。

*アラブの春：2010年から2012年にかけて、チュニジアやエジプト、リビアなどのアラブ諸国で起きた、大規模な反政府、民主化運動。抗議活動への呼びかけや情報の発信に、携帯電話やソーシャルメディアが使われたことが、大規模な市民の動員につながったといわれている。

企業としてできること

２０１１年に国連は「ビジネスと人権に関する指導原則」*を発表し、企業には企業活動を通じて影響を与えるあらゆる人権の問題に対して責任があるということを明確に打ち出しました。児童労働のような人権問題が自社のビジネスやサプライチェーンに関係している場合、自社が関わる問題の所在を明らかにし、問題があった場合には対策をとり、問題が起こらないような予防策をとることが避けられなくなりました。これを人権デューディリジェンスといいます。児童労働も人権問題の１つですから、自社のビジネスのなか

*人権に関する国際的な情報を多数発信している、ヒューライツ大阪（一般財団法人アジア・太平洋人権情報センター）のホームページでは、企業と人権に関わるさまざまな国際基準やガイドラインを紹介している。国連「ビジネスと人権に関する指導原則」についても紹介している。http://www.hurights.or.jp/japan/aside/business-and-human-rights/guideline.html

で関係しているとわかっていて何もしないことは、責任逃れといわれてしまいかねません。*

まずできることの1つは、問題解決をめざした活動を応援し、寄付や投資をすることです。欧米では、NGOなどと連携して直接現地での活動を支援する企業も増えています。たとえば、キャドバリーは、ガーナのフェアトレード農民組合「クアパココ」からカカオを調達しながら彼らと連携し、フェアトレード農民の育成に取り組んでいます。日本でも、ACEの「スマイル・ガーナプロジェクト」を支える企業は増えています。通販会社のフェリシモは、バレンタインシーズンに販売するチョコレートの売上の1％を積み立ててLOVE&THANKS基金を設立し、その基金からACEなど複数の団体に寄付をしています。

また、商品自体をフェアなものにしていくという方向性もあります。バニラビーンズは、カカオ生産国の児童労働の問題について知った社長が、お菓子の製造に使うチョコレートを100％フェアトレードにすることを実現しました。パティシエ出身の社長のこだわりは納得できるお菓子をつくること。原料にフェアトレードのカカオを使うからといって、品質に妥協することはありませんでした。納得できるお菓子をつくるための納得できるフェアト

＊2015年以降は、英国現代奴隷法をはじめ、企業に人権デューディリジェンスの実施を求める法律を定める国が増えてきている。

レードの原料を見つけるまでには時間もコストもかかりましたが、あらゆる努力を結集して課題を克服し、お客さんにも長く愛される、フェアトレードのチョコレート菓子を世に送り出しています。企業が本気で取り組めば、原料の生産国にも配慮したビジネスが成立するのです。

チョコレートではないですが、コスメブランドのＬＵＳＨは、カカオバターを使ったマッサージバー（マッサージ用の固形クリーム）にフェアトレードのカカオバターを原料として使うようになりました。阪急うめだ本店では、バレンタインに向けたチョコレートの催事でフェアトレードのチョコレートの販売に力を入れています。これらは特別な社会貢献活動ではなく、企業が本来おこなっている活動を活かして社会のニーズに応えるものです。

想像力を持って、顔が見える支え合いの関係を続ける

チョコレートだけではなく、わたしたちの身の回りにあるモノは、たくさんの人たちが働いてくれているおかげでわたしたちの手元に届きます。資源をあまり持っていない日本は、その多くを外国の国ぐにに頼っています。つまり遠く離れた国の人たちが、わたしたちの暮らしを支えてくれているとい

うわけです。しかしわたしたちには、どんな人たちがどんなところで働いているのか、見ることはできません。そんな見えないところで、人びとの暮らしや自然環境を壊すようなことが、世界のあちこちでくり返されています。もしかしたらそれは、おたがいのことが見えないから起きていることなのかもしれません。

チョコレートはカカオがなければつくることはできないし、カカオをつくってくれる人がいなければカカオを実らせることもできません。裏を返せば、カカオをつくる人たちの生活は、カカオを買ってくれる人たち、つまりはチョコレートなどをつくって売る人たちがいなければ成り立ちませんし、チョコレートを売る人たちの生活も、チョコレートを食べる人がいなければ成り立たないわけです。

世界はいろんな人たちの支え合いによって成り立っています。グローバル化が進んだいま、その支え合いの関係は地球全体に網の目のように張りめぐらされています。そうやってつながっていることを想像し、支え合っている人たちの顔や暮らしを思い浮かべてみてください。もしも想像することができたなら、感謝や思いやりの気持ちがわいてくるのではないでしょうか。

最後に、ガーナの子どもたちから届いた詩をご紹介します。

日本でガーナの現状を伝えるために奔走していたなか、２０１２年２月14日のバレンタインデーに、ガーナのスタッフから一通のメールが届きました。村の「子ども権利クラブ」の子どもたちが書いたというこの詩のタイトルは「ハッピー　チョコレート　バレンタイン」。原文はチュイ語で、現地のスタッフが英語に翻訳したものを日本語に訳しました。この詩を読んで、ガーナの子どもたちにも、日本で応援する人たちの姿はしっかりと見えていたこと、そして日本とガーナそれぞれの想いが伝わっていたことを実感しました。たがいに支え合って生きていることがわかり、エネルギーがわいてくるのを感じました。

　こうして、心と心をつないでいくことが、世界を動かす大きな力になるのだと確信しています。世界を変えるための方法はまだほかにもたくさんあります。みんなで知恵を出し合い、力を合わせれば、無限の可能性があります。その可能性を信じて、自分にできることをぜひ実行してみてください。

ガーナの村の子どもたちと筆者

ハッピー　チョコレート　バレンタイン

もし毎日がバレンタインデーだったら、
毎日みんなに伝えたいことがある。

世界の1人ひとりに味方になってくれる人がいたらいいのに。
強い意志を持ってねばりづよく仕事をし、
子どもたちに機会と権利を与えてくれる。
重荷を軽くし、笑顔をもたらしてくれる。
そんな、「スマイル・ガーナプロジェクト」みたいな人が、
みんなにもいたらいいのに。
そうすれば、世界はもっと生きやすくなる。
そんな素晴らしい世界になったらいいのに。

ACE、そして日本のみなさん、
あなたはわたしのバレンタインです。
わたしの人生をゆたかにしてくれた、そんな特別な存在です。

わたしたちは知っています。
みなさんが協力して、
しあわせを運ぶチョコレートを用意し、
それをたくさんの人に贈ってくれていることを。
それも、わたしたちの生活がよりよく、しあわせに、
権利が守られるようにと願ってくれているからだということを。
わたしたちにとってバレンタインとは、
やさしくいつも笑顔で、
わたしたちのような弱い立場にある子どもたちの
人生がゆたかになるよう助けてくれる、
みなさんのことです。
（中略）
わたしたち、子ども権利クラブのメンバーは、
みなさんのことが大好きです。尊敬しています。心から感謝しています。
みなさんと出会うことができて本当にしあわせです。
みなさんが素敵なバレンタインを過ごされますように！

子どもの権利クラブ一同（ガーナ）：ACE訳

あとがき

２０１４年のとある日、フェイスブックに見知らぬ外国人から友達リクエストが届きました。だれだろう？　と思って、同時に届いていたメッセージをおそるおそる開いてみると、それはなんと、ＡＣＥの「スマイル・ガーナプロジェクト」を最初におこなった村の出身で、「子ども権利クラブ」で最初の議長を務めたエバンスくんでした。高校進学と同時に村を出た彼は、ガーナ第2の都市クマシにある高校の2年生になっていました。フェイスブックには、頼もしい青年に成長したエバンスくんの写真が載っていました。

まさかガーナの村の少年とフェイスブックでつながる日が来るなんて。世界がつながっていることをあらためて実感しました。

生まれた村が貧しくても、教育を受けることで子どもたちは夢や希望を抱き、世界の人びととつながる手段や方法を身につけることができます。エバンスくんからの連絡を受け、わたしはどんな子どもにもその可能性があるのだという希望がわいてきました。

ガーナのカカオを多く消費する日本の立場から、カカオ生産地の児童労働の問題を解決していこうと活動を始めてから、7年が経とうとしています。この間、多くの人が関心を持ち、一緒に活動を推し進めてきてくれました。そのなかには、本を読んで知ったという小学生もいれば、チョコレートに直接関わるお仕事をしている人たち、チョコレートが大好きという人たちなどさまざまです。ガーナの村に変化をもたらすことができたこと、日本の企業をも動かすことができたこと。これはすべて、関わってくれた人たちのおかげです。この場を借りて心からの感謝を伝えたいと思います。みんなの力を合わせれば必ず変化を起こすことはできる。信じる力をみなさんが与えてくれました。しかし、世界全体を動かすには、まだその力は足りません。

本の冒頭でご紹介したインドの活動家カイラシュさんと一緒に、史上最年少の17歳でノーベル平和賞を受賞したパキスタンのマララ・ユスフザイさんは、受賞式のスピーチでこう言いました。「なぜ武器を与えることは簡単なのに、本を与えることは難しいのでしょうか。なぜ戦車をつくることは簡単なのに、学校を建てることは難しいのでしょうか」

この問いかけは、社会の一員であるわたしたち1人ひとりに向けられた言葉なのだと思います。どんな世界を望み、そのためにどんな選択をするのか。それが問われているのです。その選択は、日々の生活のなかで「どんなチョコレートを選ぶのか」ということにも関わっています。1人ひとりが持っている力を、世界がよりよい方向へ向かうために活かしていきましょう。

認定NPO法人ACE 共同創業者／事務局長
白木朋子

参考文献

『ガーナを知るための47章』高根務／山田肖子編著、明石書店、2011年

『砂糖の世界史』川北稔著、岩波ジュニア新書、1996年

『ソーシャル・プロダクト・マーケティング――社会に良い。信頼されるブランドをつくる3つの方法』野村尚克／中島佳織／デルフィス・エシカル・プロジェクト著、産業能率大学出版部、2014年

『チョコレート展 公式ガイドブック』読売新聞東京本社、2012年

『チョコレートの真実』キャロル・オフ著、北村陽子訳、英治出版、2007年

『チョコレートの世界史――近代ヨーロッパが磨き上げた褐色の宝石』武田尚子著、中公新書、2010年

『チョコレートの歴史』ソフィー・D・コウ／マイケル・D・コウ著、樋口幸子訳、河出書房新社、1999年

『チョコレート・バイブル――人生を変える「一枚」を求めて』クロエ・ドゥートレ・ルーセル著、宮本清夏／ボーモント愛子／松浦有里監訳、青志社、2009年

『日本のフェアトレード――世界を変える希望の貿易』長坂寿久編著、明石書店、2008年

『パプア・チョコレートの挑戦 ＡＴＪあぷらブックレット③』ＡＰＬＡ編、ＡＰＬＡ 2012年

ACE（エース）について

1997年に学生5人で設立した日本生まれのNGO。「子ども、若者が自らの意志で人生や社会を築くことができる世界をつくるために、子ども、若者の権利を奪う社会課題を解決する」ことをパーパス（団体の存在意義）に掲げる。国連の持続可能な開発目標（ＳＤＧｓ）に明記された「2025年までにすべての形態の児童労働をなくす」ことをめざし、インドのコットン生産地、ガーナのカカオ生産地で、子どもの教育や貧困家庭の自立支援をおこなうほか、企業との協働、消費者への啓発活動、国際社会や政府への政策提言をおこなう。日本の児童労働に関する調査も進めている。

①子どもの権利サポーターになって活動を支えてください（月1000円〜）

月々決まった金額を銀行口座からの自動引き落としか、クレジットカード決済でご寄付いただくことができます。定期的に活動の報告をお届けします。

②寄付で活動を応援してください

金額の多寡にかかわらずいつでも寄付を受け付けています。ガーナのプロジェクトへのご寄付は「チョコ募金」をご指定ください。

※ご寄付をご希望の方は、ACEウェブサイトの問い合わせフォーム、メール等でお問い合わせください。お振込口座情報をお伝えいたします。

ー児童労働のない未来へー

③講師・ファシリテーターを派遣します

学校で、職場で、地域で、勉強会やセミナーを開催してみませんか？子どもも参加しながら学べるワークショップ教材や映画のDVDも販売しています。まずはお問い合わせください。

④ SNSでACEをフォローして、情報をシェアしてください

Facebook、ツイッター、Instagramなどで最新情報を発信しています。ぜひフォローして、「いいね！」やシェアをしてみてください。

⑤問い合わせ・入会申し込み

特定非営利活動法人ACE（エース）
〒110-0005 東京都台東区上野六丁目1番6号御徒町グリーンハイツ1005号
TEL　03-3835-7555
FAX　03-3835-7601
Eメール　info@acejapan.org
ホームページ
http://www.acejapan.org

この本によるACEへの収益金は、全て活動に使われます。

■著者紹介
白木朋子（しろき・ともこ）
認定ＮＰＯ法人ＡＣＥ 共同創業者／事務局長／理事。
1974年宮城県仙台市生まれ。宮城学院高等学校、明治学院大学国際学部卒業。ロンドン大学東洋アフリカ大学院国際教養ディプロマ課程（開発学、比較文化学専攻）、サセックス大学・文化環境開発研究所（CDE）開発人類学修士課程修了。大学でインドの児童労働を研究後、ACE設立メンバーとして、1997年12月より活動開始。民間企業を経て、2005年4月より現職。ガーナでのプロジェクト立案、国内外の企業との協働、国内での講演、執筆など、幅広く活動する。

子どもたちにしあわせを運ぶチョコレート。
——世界から児童労働をなくす方法

2015年2月14日　第1刷発行
2021年9月20日　第4刷発行

著　　者　白木朋子
発 行 者　坂上美樹
発 行 所　合同出版株式会社
郵便番号 184-0001
東京都小金井市関野町 1-6-10
電話 042（401）2930
振替 00180-9-65422
ホームページ https://www.godo-shuppan.co.jp/
印刷・製本　新灯印刷株式会社

■刊行図書リストを無料進呈いたします。
■落丁・乱丁の際はお取り換えいたします。

ISBN978-4-7726-1112-1　NDC360　210 × 148